本专著的出版发行受到国家社会科学基金项目青年项目"'碳达峰'目标驱动的制造业低碳技术创新生态系统建构、演化与政策协同研究"（项目编号：21CGL033）的科研经费资助。

企业绿色技术创新及驱动要素研究

Research on Enterprise Green Technology Innovation and Driving Factors

李楠博　季宇　毛伟华　著

中国社会科学出版社

图书在版编目（CIP）数据

企业绿色技术创新及驱动要素研究 / 李楠博，季宇，毛伟华著. —北京：中国社会科学出版社，2021.12
ISBN 978-7-5203-9072-9

Ⅰ.①企… Ⅱ.①李…②季…③毛… Ⅲ.①企业管理—技术革新—研究 Ⅳ.①F273.1

中国版本图书馆 CIP 数据核字（2021）第 184138 号

出 版 人	赵剑英	
责任编辑	王　衡	
责任校对	王玉静	
责任印制	王　超	

出　　版	中国社会科学出版社	
社　　址	北京鼓楼西大街甲 158 号	
邮　　编	100720	
网　　址	http://www.csspw.cn	
发 行 部	010-84083685	
门 市 部	010-84029450	
经　　销	新华书店及其他书店	
印　　刷	北京明恒达印务有限公司	
装　　订	廊坊市广阳区广增装订厂	
版　　次	2021 年 12 月第 1 版	
印　　次	2021 年 12 月第 1 次印刷	
开　　本	710×1000　1/16	
印　　张	13.75	
插　　页	2	
字　　数	161 千字	
定　　价	78.00 元	

凡购买中国社会科学出版社图书，如有质量问题请与本社营销中心联系调换
电话：010-84083683
版权所有　侵权必究

目　录

第一章　绪论 …………………………………………………………（1）

　　第一节　研究的背景 ……………………………………………（1）

　　第二节　研究的意义 ……………………………………………（4）

　　第三节　主要研究内容 …………………………………………（5）

　　第四节　可能的创新之处 ………………………………………（7）

第二章　文献综述与理论基础 ………………………………………（9）

　　第一节　文献综述 ………………………………………………（9）

　　第二节　理论基础 ………………………………………………（23）

第三章　环境规制对企业绿色技术创新的驱动性研究 ………（39）

　　第一节　理论分析与研究假设 …………………………………（40）

　　第二节　环境规制对企业绿色技术创新影响机制的
　　　　　　实证研究设计 …………………………………………（45）

　　第三节　假设检验与实证结果分析 ……………………………（49）

　　第四节　本章小结 ………………………………………………（54）

第四章　绿色金融与企业绿色技术创新的耦合性研究 ……… (57)

　　第一节　绿色技术创新与绿色金融的耦合协调性分析 …… (58)

　　第二节　融入环境规制的耦合协调性机理分析 …………… (60)

　　第三节　绿色技术创新—绿色金融—环境规制系统的
　　　　　　耦合协调性分析 ……………………………………… (63)

　　第四节　绿色技术创新—绿色金融—环境规制系统的
　　　　　　耦合协调性测度模型设计 …………………………… (64)

　　第五节　绿色技术创新—绿色金融—环境规制系统的
　　　　　　耦合协调性测度结果分析 …………………………… (69)

　　第六节　本章小结 ……………………………………………… (84)

第五章　高管团队对企业绿色技术创新的影响研究 ………… (87)

　　第一节　理论分析与研究假设 ………………………………… (88)

　　第二节　高管团队对企业绿色技术创新影响的
　　　　　　研究设计 ……………………………………………… (95)

　　第三节　假设检验与分析 …………………………………… (103)

　　第四节　本章小结 …………………………………………… (109)

第六章　多要素联合驱动的企业绿色技术创新机制研究 …… (112)

　　第一节　理论分析与研究假设 ……………………………… (114)

　　第二节　研究设计与研究方法 ……………………………… (122)

　　第三节　假设检验与分析 …………………………………… (127)

　　第四节　本章小结 …………………………………………… (134)

第七章　区域企业绿色技术创新环境评估 …………………… (138)

　　第一节　理论分析与推演 …………………………………… (139)

第二节 区域绿色技术创新环境成熟度评价指标体系的
　　　　构建思路 ……………………………………………（143）
第三节 云模型及评价流程概述…………………………（147）
第四节 区域绿色技术创新环境成熟度评价 ……………（150）
第五节 本章小结…………………………………………（156）

**第八章 基于企业绿色技术创新驱动要素时空分异性
　　　　特征的区域性政策优化研究**…………………………（159）
第一节 企业绿色技术创新驱动要素的时空分异性
　　　　特征 ……………………………………………（160）
第二节 企业绿色技术创新系统建构研究 ………………（173）
第三节 政策优化设计研究………………………………（181）

参考文献 ……………………………………………………（191）

后　记 ………………………………………………………（213）

第一章　绪论

第一节　研究的背景

生态环境是人类生存和发展的根基，生态环境的变迁影响着人类文明的兴衰演替。工业革命开启了人类文明进步的新篇章，同时也埋下了环境污染的种子，随着经济的发展，环境污染对人类的威胁越发显著。世界经济论坛发布的《2019年全球风险报告》中指出：在所有风险中，与环境有关的危机很明显是全世界共同的正中下噩梦。[①] 隔年发布《2020年全球风险报告》进一步指出：从长期风险角度来看，未来10年全球五大风险首次全部与环境相关，其中减缓和适应气候变化措施的失败、生物多样性受损、生态系统崩塌和人为环境破坏等是最可能发生且产生严重影响的全球性风险。[②]

生态环境恶化带来的威胁在我国同样不容乐观。改革开放后，

---

① World Economic Forum, "The Global Risk Report 2019", 14th Edition, 2019, https://max.book118.com/html/2019/0122/6223134104002003.shtm.
② World Economic Forum, "The Global Risk Report 2020", 15th Edition, 2020, https://www.marsh.com/content/dam/marsh/Documents/PDF/UK-en/wef-global-risks-report-2020.pdf.

我国的经济发展取得了令世人瞩目的成绩，但同时也引发了一系列的环境污染问题，城市水质污染严重、雾霾天气频繁，乡村土地污损率高，生态环境在全国范围内不断恶化。高速的经济发展牺牲了不止一代人的健康，这是我国经济社会发展付出的沉重的资源环境代价。虽然中央和地方政府近年来积极采取了许多与环境相关的预防和治理措施，但由于长期的粗放式生产方式及不合理产业结构的影响，环境承载能力始终无法应对经济的高速发展需求，环境保护与经济发展严重不平衡，环境污染影响超过环境治理效应现象在全国各地普遍存在，环境污染导致的人群健康损害事件频繁发生。党的十九大报告中指出，建设生态文明是中华民族永续发展的千年大计。把坚持人与自然和谐共生作为新时代坚持和发展中国特色社会主义基本方略的重要内容，把建设美丽中国作为全面建设社会主义现代化强国的重大目标，把生态文明建设和生态环境保护提升到前所未有的战略高度。因此，如何协调经济发展与环境保护间的关系，是未来很长一段时间内我国政府必须面对和解决的首要问题。

追根溯源，不难发现，企业既是经济发展的主体，也是污染排放的最重要主体。唯有实现企业的绿色发展，才能从根源上减轻生态压力、降低环境污染强度。正因如此，企业绿色技术创新（Green Technology Innovation，GTI）近年来受到越来越多的关注。

绿色技术创新又可被称为"环境技术创新""生态技术创新"或"可持续技术创新"，主要指通过引进新的管理模式、新的工艺或新的流程等方式，实现特定的环境保护（可持续发展）目标，旨在减少或修复对生态环境的不利影响。技术创新是经济发展的灵魂，绿色技术创新是在技术创新基础上发展而来的专业创新活动，蕴含了当代社会对环境保护的要求。由于绿色技术创新着重强调低能耗、无污染、循环利用和清洁化，因而被认定是现代经济体系中实现企业和经济绿色发展的重要途径之一。

绿色技术创新是修复和改善生态环境的有力手段，但事实上，当前我国境内的企业大多存在着绿色技术创新认知不足，绿色技术创新意愿和动力欠缺等问题，当企业利益与生态文明建设目标之间产生偏差时，"绿色监狱"的现象也频繁发生，部分企业一味追求短期经济利益，由此展开一系列不利于环境保护的行为。而且，与普通技术创新相比，绿色技术创新的复杂性更高，风险更大，投资回报也更慢，因而大部分企业并不乐于开展相关行为。但随着经济社会发展和公众环境意识的增强，绿色技术创新是区域和企业未来发展的必然选择。

虽然从长期来看，绿色技术创新能够在生态文明建设背景下帮助企业在市场竞争中获得优势地位，但正是由于其投资风险高、获益时限长、发展前景难以确定等问题，使得绿色技术创新长期处于动力不足的境地。普遍存在的地方政府服务缺失，绿色产品市场监管缺位，区域经济发展失衡，教育体系与绿色创新需求错配，进出口企业环保意识差，企业绿色技术创新能力薄弱等问题，导致我国企业的绿色技术创新绩效始终无法提升。从绿色技术创新成果转化角度来看，绿色技术创新能力低，绿色成果转化慢，是大多数发展中国家同样面临的问题。统计数据显示，近年来，世界主要经济体科技成果总体转化率已经达到70%，但绿色技术创新成果的转化率却仅为15%左右。与之相比，我国的科技成果总体转化率为15%，而绿色技术创新成果转化率仅有5%。[①]

---

① 李昆：《绿色技术创新的平台效应研究——以新能源汽车技术创新及商业化为例》，《外国经济与管理》2017年第11期。

因此，要实现绿色经济发展，一方面要注重企业绿色技术创新能力的提升；另一方面也要注重企业绿色技术创新成果转化率的提高，如何在当前经济发展和生态文明建设背景下，基于绿色技术创新驱动力角度，从根源上增强企业绿色技术创新意愿、提升绿色技术创新能力，就成为一个兼具理论价值和现实意义的重要问题。

第二节　研究的意义

一　理论意义

本书的理论意义主要表现在以下两方面。

一是建立了绿色技术创新驱动机理的全新研究范式。与传统技术创新驱动相比，绿色技术创新的驱动存在着诸多独有特征，本项研究依据这些特征，在创新系统论等理论基础上构建了基于时间和空间维度的企业绿色技术创新驱动机制，这是以全新视角架构的企业绿色技术创新驱动问题的研究范式，为后续相关领域研究的展开提供了理论参考。

二是对多种相关理论的深化和补充。如对绿色技术创新短期驱动机制的研究中，纳入了高管团队环境注意力和团队断裂带因素，这是对高阶理论、注意力基础观和团队断裂带理论的深化扩展；再如对中长期企业绿色技术创新驱动机制的研究，不仅为金融创新理论、市场导向论和协同创新论提供了新的经验证据，也是这些理论在新领域中的适用性研究，对全方位分析企业绿色技术创新的驱动机制，进一步提升企业绿色技术创新能力有着重要的理论价值。

二　现实意义

提升企业绿色技术创新能力，在保护环境的同时实现经济绿色发展，建设人与自然和谐共生的社会主义现代化国家，是对人民福祉和民族未来的责任和担当。新时代背景下，经济发展带来的环境问题与人民追求美好生态环境的矛盾日益凸显，由传统的经济增长方式向环境友好型绿色经济增长方式的转变势在必行，而绿色技术创新正是这一转变中解决"经济发展—环境保护"矛盾的有力工具。本书立足于企业绿色技术创新驱动要素，综合多种研究方案，既有针对各主要驱动要素的具化型驱动机制及驱动效果研究，也有针对多种驱动要素协同作用的系统性分析，并从时间和空间两个维度识别绿色技术创新的驱动机理，据此构建了企业绿色技术创新驱动系统。

本书的价值在于其不仅有助于提升企业绿色技术创新能力，促进产业结构优化升级，同时还能为企业绿色技术创新过程中的良性制度体系的建立提供参考。就我国发展现状而言，协调环境保护与经济发展的关系在今后很长一段时期内将是经济社会发展的首要问题，因此本书的研究对社会进步、经济发展和生态文明建设都具有重要且长远的意义。

第三节　主要研究内容

本书主要包括七章，具体安排如下。第一章是研究的绪论，简要介绍了本书的研究背景、研究的理论及现实意义、主要研究内容以及可能的创新之处。该部分内容统领全书研究框架，是对全书内容的高度概括。

第二章是文献综述与理论基础，该部分总结已有文献，梳理相关学术史，概述了当前国内外绿色技术创新的研究现状以及本书研究过程中用到的主要理论。文献综述部分概述了绿色技术创新的概念界定、绿色技术创新的相关研究及绿色技术创新驱动要素的相关研究，并对现有研究做了简要述评。理论基础部分以技术创新理论和绿色发展理论为着眼点，主要介绍了"新熊彼特学派""新古典学派"和"制度创新学派"的技术创新理论，以及绿色发展理论的渊源和绿色发展理念的理论创新性。

第三章是环境规制对企业绿色技术创新的驱动性研究。该部分将定性分析与定量分析相结合，一方面讨论了环境规制对企业绿色技术创新的驱动机理及驱动效果；另一方面探讨了高管团队环境注意力和高管团队断裂带在这一驱动过程中的重要中介和调节作用。

第四章是绿色金融与企业绿色技术创新的耦合性研究。首先从理论上分析了绿色技术创新与绿色金融的耦合协调关系，进而考察了融入环境规制后的三变量耦合机理，在此基础上，利用耦合协调模型对"环境规制—绿色金融—绿色技术创新"三者的耦合协调关系度进行测算，据此提出增强三变量系统耦合协调性的政策建议。

第五章内容是对企业绿色技术创新内部驱动要素的分析，主要考察了四种类型高管团队对企业绿色技术创新的影响，将"Sobol敏感性"分析与回归分析相结合，利用两种方法定量分析了团队断裂带对企业绿色技术创新的影响机理及影响效果。

第六章内容是基于前述分析展开的多要素联合驱动的企业绿色

技术创新机制研究，融入了具化的环境规制驱动要素、企业高管团队以及企业内部驱动要素对企业绿色技术创新行为的影响，并据此提出了多要素联合驱动情形下提升企业绿色技术创新能力的政策建议。

第七章内容利用"熵权—云模型"评估方法，立足绿色技术创新环境成熟度视角，运用我国各区域数据构造了包含政策环境、经济环境、社会环境和创新环境4个一级指标的区域绿色技术创新成熟度评价指标体系，据此对区域绿色技术创新环境进行了评估。

第八章内容综合了以上研究，基于企业绿色技术创新驱动要素的时空分异性驱动特征，构建了区域企业绿色技术创新系统，并为系统的可持续发展提供了政策优化设计方案，包括建设绿色技术创新资源平台、改善绿色技术创新环境、综合完善企业绿色技术创新驱动主体及驱动要素以及提升绿色技术创新驱动系统的韧性四个方面。

第四节　可能的创新之处

一　研究视角的创新

过往对于企业绿色技术创新的研究，多以绿色技术创新对高质量经济发展的耦合或促进效果为主，而针对提升企业绿色技术创新能力的研究多集中在环境制度对绿色技术创新的影响机制问题上，少有研究考察绿色金融、市场或其他内部驱动要素在企业绿色技术创新中的重要作用。

本书在前人研究的基础上，着眼于企业绿色技术创新的驱动视角，综合考察了企业绿色技术创新的内部和外部驱动要素，采用

"个体驱动—多要素驱动—整体协同驱动"的研究思路，全面系统地分析了驱动要素的驱动机理和驱动效果，是对企业绿色技术创新问题的全面性、系统性和综合性考察。

二 研究方法的创新

本书综合采用了多种研究方法，如常用于心理学领域的"条件过程分析"，水文研究领域的"Sobol 敏感性"分析方法和管理学领域的"耦合协调"分析等方法，为企业绿色技术创新驱动要素的分析提供了科学可靠的定量结果。这些方法的创新应用，一方面丰富了绿色技术创新的研究方法；另一方面也为未来相关领域的研究提供了借鉴和方法应用上的技术经验。因此，研究方法的创新是本书的重要创新点之一。

三 研究范式的创新

本书考察了企业绿色技术创新的不同发展阶段中各个驱动要素的差异性主导地位，开创性地提出了绿色技术创新驱动要素的时空分异性驱动模式，并据此构建了企业绿色技术创新系统。

这一研究范式是对过往静态绿色技术创新研究范式的全面突破，不仅对绿色技术创新的驱动要素和驱动机理以全新方式展开了研究，也对企业绿色技术创新能力提升的辅助模式进行了系统性改革，以动态化、系统化和整体化的研究模式，开拓了绿色技术创新研究的新视野，同时也弥补了过往研究在系统性和动态性方面的不足。

第二章　文献综述与理论基础

第一节　文献综述

一　绿色技术创新的概念界定

构建企业绿色技术创新驱动系统，首先应对绿色技术创新及其相关概念有明确的界定，然而，虽然绿色技术创新已经历经了长时间的研究，但学术界对绿色技术创新仍无统一的标准和清晰的定义。

从不同学科的差异性研究范畴来看，环境经济学的相关研究指出，绿色技术创新是能够促进环境可持续改良的过程、行为、系统和产品，核心要素在于积极的环境影响。[①] 伦理学的相关研究认为，绿色技术创新不是对农耕文明"原生态型"的回归，不是对机器文明"反生态型"的抛弃，而是对生态文明"超生态型"技术范式的理性建构[②]；基于技术经济学角度的研究认为绿色技术创新是以企业为主体，政府主导，高校、科研院所、中介服务机构

---

① Rennings K., "Redefining Innovation—Eco-innovation Research and the Contribution from Ecological Economics", *Ecological Economics*, Vol. 32, No. 2, 2000, pp. 319–332.
② 曹康康：《绿色技术创新的伦理研究论纲》，《自然辩证法研究》2019年第10期。

及市场消费者共同参与的系统性活动。①

从区域经济发展水平来看，欧盟委员会（European Commission）在2016年的报告中就指出，发达国家对环境问题关心的焦点在于气候变化，因此将与气候变化相关的技术改进作为绿色技术创新的标志。发展中国家更注重资源的高效利用，绿色技术创新的内涵因而以降低消耗、减少污染为主，包括节能环保、清洁生产、清洁能源等领域，涵盖产品生产制造全周期。

从成果认定来看，部分组织为了便于管理，制定了较为具体的绿色技术创新成果认定准则。WIPO（世界知识产权组织）根据UNFCCC（联合国气候变化框架公约）准则制定了绿色技术清单，涉及替代能源生产等七大领域。② OECD的成果认定范畴则进一步扩大，涵盖了环境管理、水资源适应技术等几大典型领域。除了这些组织，许多国家也已着手开展绿色技术标准制定或清单梳理工作。

通过对现有文献的阅读和分析能够看出，当前研究对绿色技术创新的定义缺乏一致认识，主要源于绿色技术创新在不同发展情境下的环境目标存在差异。本书以前人成果为依据，结合当前我国经济发展阶段特征、环境保护标准以及生态文明建设需求，认为当前经济发展背景下的企业绿色技术创新，并非如过去一样以满足环境制度的最低要求为目标，更多的是强调企业对于各环境保护相关利益者施加的压力而采取的对可预见污染的预防、控制

---

① 徐建中、贯君、林艳：《制度压力、高管环保意识与企业绿色创新实践——基于新制度主义理论和高阶理论视角》，《管理评论》2017年第9期。

② Chen S., Golley J., "'Green' Productivity Growth in China's Industrial Economy", *Energy Economics*, No. 44, 2014.

和治理行为。即绿色技术创新实际上存在于产品生命周期的各个阶段，且主要体现在企业通过引进新产品和新工艺流程等逐步降低外部环境负担的过程中。

本书据此将绿色技术创新的概念界定为"企业所进行的以保护、修复和改善生态环境为目标的一系列绿色的或环境友好的技术、工艺和产品流程创新行为的总称"。由该定义可见，绿色技术创新是一种与生态环境系统相协调的新型的现代技术创新系统。这一定义不仅在已有研究的基础上提升了其内涵范畴，更强调了企业作为绿色技术创新主体的主观能动性以及其他绿色技术创新的利益相关方对绿色技术创新影响的重要性。

二 绿色技术创新相关研究概述

为避免文献梳理过程中可能出现的遗漏和主观认知偏差，相关研究分析借助文献计量软件 Citespace（5.5.R2）进行。本书所用外文文献来自 WOS（Web of Science）数据库核心合集，中文文献来自 CSSCI（中国社会科学引文索引）数据库（两库均检索后人工剔除无关文献）。

WOS 数据库检索策略为 "TS = 'green-technology innovation' or 'environmental-technology innovation' or 'environmentally sound technology'; DT = 'article'; ST = 1985 – 2020"，得到文献 707 篇，文献初现年份为 1994 年。CSSCI 数据库的检索策略为 "SU = '绿色技术 & 创新' or '环境技术 & 创新'; ST = 1985 – 2019"，得到文献 791 篇，初现年份为 1998 年。相关文献在两个数据库中的发文量变化情况如图 2 – 1 所示。

通过图 2 – 1 中能够发现，作为一个非典型新生领域，绿色技

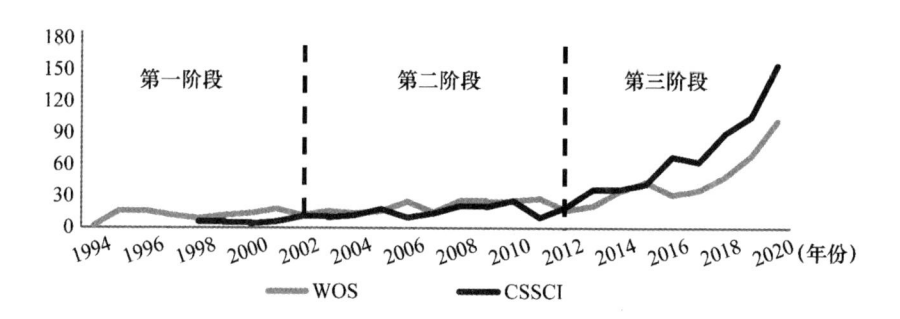

图 2-1 绿色技术创新相关文献发文数量变化

术创新的相关研究总量不多，但近几年增长十分迅速。总体来看，绿色技术创新研究的发展历程可以分为三个不同阶段。第一阶段是概念萌生期，大体时间为 1994—2002 年，这一阶段绿色技术创新概念刚刚提出，关注度低，因此总体发文量较少；第二阶段是研究扩散期，大体时间为 2002—2012 年，这一阶段绿色技术创新问题逐渐在学术界引起重视，但由于多方面原因，并未成为重要的研究方向。第三阶段是研究爆发期，大体时间为 2012 年至今，进入第三阶段，世界范围内生态环境不断恶化，经济发展与环境保护的矛盾日益尖锐，绿色技术创新因此越发受到关注，相关研究急速增加，发文量呈现显著增长趋势。

国外对绿色技术创新的研究源于对环境（environment）和发展（development）的思考，最初以工业企业对气候变化的影响研究为主，进而随着研究的深入，逐步进入对绿色技术创新驱动因素的研究中，出现了以环境制度（environment regular）、竞争优势（competitive advantage）和绿色核心竞争力（green core competence）为关键词的绿色技术创新驱动要素研究网络。此后的研究中，知识（knowledge）、扩散（diffusion）和发展中国家（developing country）等议题的出现，说明相关研究在关注绿色技术创新驱动因素的同时，也在逐步探寻绿色技术创新的空间和区域演变性特征。能够看出，重要关键词大部分集中出现在2003—2012年，而通过对后来跟进的相关研究的时区图则能够发现，当前的国外研究仍然延续着2003—2012年产生的研究趋势，新的研究热点尚未出现。

国内绿色技术创新的研究是技术创新的衍生方向，早期研究大多分析绿色技术创新和可持续发展及循环经济间的关系。2009年以后，相关研究得到广度上的延伸，出现了对绿色技术创新影响因素的研究网络，包括环境规制、政府补贴及融资约束等典型研究问题，各种研究方法也逐步被应用于分析中，如门槛效应、SBM模型和空间杜宾模型等。绿色技术创新的空间效应也在近几年逐步展开，如逆向技术溢出、本地—邻地效应等。与国外研究相比，国内研究起步晚，但视角和方法多样化，近年来涌现了许多具有突破意义的创新性研究。

三　绿色技术创新驱动要素的相关研究

（一）环境制度对绿色技术创新的影响研究

制度压力是企业实施绿色技术创新活动的核心驱动要素。绿色技术创新的双重外部性和市场失灵特征，导致传统的技术创新五维动力框架不足以完全驱动绿色技术创新行为，已有研究因而普遍认为制度压力是企业实施绿色技术创新活动的核心驱动要素。[①]

从制度压力的细化研究角度来看，针对制度压力的研究大多以

---

① Zhiyong, Xian, "Research on Green Technology Innovation Model and System Improvement Based on Environmental Protection", *IOP Conference Series Earth and Environmental Science*, Vol. 94. No. 012115, 2017.

新制度主义理论为基础,从组织制度环境出发,斯科特(Scott)基于逻辑机制和合法性基础将制度压力分为三种来源:规制压力、规范压力和认知压力[①],这三种压力对企业绿色技术创新的影响并非都是直接影响,而是通过影响高管团队战略制定,进而影响企业绿色技术创新行为。现有研究得到的结论普遍认为适度的环境规制能够促进企业进行绿色技术创新实践,也有研究认为不同的规制手段对绿色技术创新有不同的影响,但具体影响方向及程度尚无一致结论。

从制度压力的时效研究角度来看,"制度阻碍理论"和"波特假说"是制度压力研究范畴的重要理论基石。"制度阻碍论"认为绿色技术创新会占用生产投资且无法立即为企业带来直接经济效益,但为避免违规成本,企业会采取末端治理等治污方式,但不愿投资于绿色技术的研发。"波特假说"则认为环境规制引致企业进行被动绿色技术创新,而这些创新将提高企业的生产力并抵消由环境保护带来的成本,提升企业在市场上的盈利能力。能够发现,无论制度的作用是阻碍还是促进,两种理论中均暗含制度压力对企业绿色技术创新的作用效果是极为迅速的[②],其作用效果随着制度改变而随时变化,属于典型的短效果驱动要素。

通过对现有文献的分析能够看出,现有研究基本肯定环境制度对企业绿色技术创新存在影响,但影响方式和路径尚未确定。而对环境制度的研究多为综合性分析,缺乏对环境规制异质性的

---

① Scott A. J., "World Development Report 2009: Reshaping Economic Geography", *World Environment*, Vol. 9, No. 6, 2008, pp. 1269 – 1277.

② Chan H. K., Yee R. W. Y., Dai J. et al., "The Moderating Effect of Environmental Dynamism on Green Product Innovation and Performance", *International Journal of Production Economics*, Vol. 181, 2016, pp. 384 – 391.

研究。

(二) 绿色金融对绿色技术创新的影响研究

由于绿色技术创新行为的固有特征,融资约束对其产生的影响广泛且深刻。从绿色金融的定义来看,由于对绿色技术创新及其内涵的诠释各有不同,因此绿色金融并无统一定义。

天大研究院课题组的研究发现,发展中国家倾向于将能够节约能源使用、降低单位能耗技术的投融资归入绿色金融。[①] 如 G20 绿色金融研究小组认为绿色金融是指在更广泛环境可持续发展的背景下提供环境效益的投融资。现有研究对绿色金融的表述虽各不相同,但均认定绿色金融以提供项目投融资、运营和风险管理的金融产品与服务为手段,核心目标是支持环境改善、节约资源和实现可持续发展。

从金融实践来看,世界主要经济体已纷纷成立专门扶持绿色技术创新的金融机构,如欧盟组建的全球能效和可再生能源基金(GEEREF)和英国设立的英国绿色投资银行(GIB)等,均被用以解决基础设施融资中市场缺失的问题。就我国而言,2016 年发布的《关于建立绿色金融体系的指导意见》,为尽快建立统一明确与国际接轨的绿色金融标准体系打下了基础。《绿色产业指导目录(2019)》的发布,进一步推动了国内绿色金融标准的科学化、标准化建设。我国目前已成为全球首个建立较完整绿色金融政策体系的经济体。

绿色金融对绿色技术创新的驱动性体现在两方面:一方面,绿

---

① 天大研究院课题组、王元龙、马昀、王思程、刘宇婷、叶敏:《中国绿色金融体系:构建与发展战略》,《财贸经济》2011 年第 10 期。

色金融的发展体现了市场导向的原则,其核心在于尊重市场配置资源的基本要求;中国共产党第十九届中央委员会第四次全体会议指出,要"发展绿色金融,推进市场导向的绿色技术创新……"明确了绿色金融在构建市场导向型绿色技术创新体系中的重要作用;另一方面,绿色金融通过与环境制度之间的耦合效应,提升政策效果,优化了资源配置。这表现在环境规制在绿色金融发展中的作用上,如限制对特定行业产业的金融支持、实行差异化信贷监管标准以及将银行绿色信贷表现纳入宏观审慎评估框架等。[①]从驱动时效性角度来看,无论是理论或实践,当前的世界范围内的绿色金融均受政策显著影响,并不具备完全市场性,但其中又体现了一定的市场化特征,是企业绿色技术创新驱动机制市场化过程中的必要环节。

能够看出,作为两个新生的研究领域,有关绿色金融对绿色技术创新影响的研究还较为鲜见,理论研究明显落后于金融实践,但绿色金融在企业绿色技术创新中的重要作用不容忽视,相关研究亟待开展。

(三) 市场对绿色技术创新的影响研究

基于"政府—市场"双重维度的研究认为,绿色技术创新推进力可以分为两个阶段,分别是政府推动阶段和协同作用阶段。[②]而后的研究指出,市场驱动也是绿色技术创新推进过程中的重要阶段。市场导向下的企业绿色技术创新,就是要借助市场机制来

[①] 姜再勇、魏长江:《政府在绿色金融发展中的作用、方式与效率》,《兰州大学学报》(社会科学版) 2017 年第 6 期。

[②] Apak S., Atay E., "Global Competitiveness in the EU Through Green Innovation Technologies and Knowledge Production", *Procedia-Social and Behavioral Sciences*, Vol. 181, 2015, pp. 207 – 217.

优化企业绿色技术创新要素的配置效率。① 国内外技术创新理论与实践表明，与技术导向相比，市场对创新资源配置的作用更具效率。

基于实证角度的研究发现，市场导向的绿色技术创新并非完全排斥环境制度，事实上，部分环境制度通过调整市场需求，能够间接引发上游企业绿色技术创新，而市场需求则是企业选择绿色技术创新策略的最重要驱动力之一。②

基于政府角度的研究发现，在明确市场导向且理顺主体关系的基础上，发展市场导向绿色技术创新以五要素框架作为依据，其中五个要素分别为政府绿色目标的制定、促进绿色技术发展的绿色金融市场激励措施、促进绿色技术发展的具体财税政策、绿色技术能力建设和绿色技术消费者培育。

从实践角度来看，国家发改委已联合科技部于2019年4月发布了《关于构建市场导向的绿色技术创新体系的指导意见》（以下简称《意见》），《意见》中强调，要强化企业的绿色技术创新主体地位，并从多层次多角度完善市场机制，同时强调我国要于2022年实现基本建成市场导向的绿色技术创新体系这一目标。《意见》的颁布不仅明确了市场对企业绿色技术创新的重要驱动作用，还制定了涉及科技部、发改委、财政部等15个部门的具体政策措施，为市场导向的企业绿色技术创新提供了全新的发展思路。从

---

① 汪明月：《用市场政府"两只手"推动绿色技术向前》，《科技日报》2021年1月11日第8版。

② Chakraborty P., Chatterjee C., "Does Environmental Regulation Indirectly Induce Upstream Innovation? New Evidence from India", *Research Policy*, Vol. 46, No. 5, 2017, pp. 939 - 955; Cleff T., Rennings K., "Determinants of Environmental Product and Process Innovation", *European Environment*, Vol. 9, No, 5, 1999, pp. 191 - 201.

驱动的时效性角度来看,市场驱动是绿色技术创新的终极驱动形式,以渗入闭环供应链每一个环节的形式驱动企业绿色技术创新,具备典型的长效驱动机制特征。

综上所述,就国外研究而言,虽然已有研究认可市场对资源配置重要影响,但尚无关于市场对企业绿色技术创新影响的系统性研究;就国内研究而言,市场对绿色技术创新影响的相关研究也极少,仅有的研究认定市场对绿色技术创新有切实的驱动作用,是驱动企业绿色技术创新发展的重要因素;就绿色金融与市场导向绿色技术创新的关系而言,部分研究将绿色金融完全归属于市场导向型驱动力中;但就目前绿色金融发展现状而言,绿色金融的政策倾向十分显著,因而有必要在市场化驱动机制的研究中对其进行鉴别和分离。

(四) 企业内部驱动因素

1. 预期收益

除了外部压力,内部因素也同样能够驱动企业绿色技术创新,预期收益即为企业进行绿色技术创新行为最重要的内部驱动力。作为企业发展战略的制定者,高管团队会利用对成本和未来收益的认知做出绿色技术创新决策,绿色技术创新带来的收益在短期内表现为经济收益,即通过绿色管理而产生的从原材料到能源再到劳动力成本的降低,同时还包括废料产品的销售以及环保相关知识产权转让所得收入[①];从长期来看,企业无形收益的重要意义远大于经济收益,由绿色技术创新带来的企业竞争力的增强、

---

① Porter M. E., Linde C. V. D., "Green and Competitive: Ending the Stalemate", *Harvard Business Review*, Vol. 28, No. 6, 1999, pp. 128–129.

社会声誉的提高以及品牌形象的塑造对企业未来的持续发展至关重要①，当企业的战略制定者关注这一发展需求，就会主动采取绿色技术创新战略。

2. 高管团队环境注意力的中介作用与团队断裂带的调节作用

（1）高管团队环境注意力

高管团队是企业战略的制定者，当一定强度的制度压力作用于目标企业时，企业高管团队会依据对制度压力的认知和对收益的期望给予相应的战略反馈，企业的绿色技术创新表现就是这一战略反馈的结果。也就是说，在制度压力渗透于企业的过程中，企业高管团队会依据自身对环境的判断所作出战略抉择，而这一战略抉择实际上在制度压力和预期收益组成的驱动要素组合与绿色技术创新间起到了中介效果，而导致最终战略决策出现差异的根源，则在于高管团队环境注意力配置的差异。

目前已出现少量高管团队注意力的相关文献，但尚未出现可供参考的有关高管团队环境注意力的研究。本书提出的高管团队环境注意力是指企业高管团队对与生态环境保护相关的内容赋予的关注度的大小。注意力基础观认为，组织对外部环境的认知是其注意力配置分布的充分反映，且组织的注意力如资源一样，是十分有限的②，因而只有组织将较多的注意力配置于绿色技术创新问题上时，才能够做出有利于绿色技术创新绩效的战略抉择。

---

① 张钢、张小军：《企业绿色创新战略的驱动因素：多案例比较研究》，《浙江大学学报》（人文社会科学版）2014年第1期。

② Ocasio W., "Towards an Attention-based view of the Firm", *Strategic Management Journal*, Vol. 18, 1997, pp. 187–206.

（2）高管团队断裂带

高管团队断裂带是指基于多个特征联合，将一个团队划分为两个以上子团队的假定分界线。① 过往研究证实，本土情境下的绿色技术创新过程中，高管团队断裂带可依据成因分为4种类型，包括社会分类断裂带、任务相关断裂带、社会资本断裂带和人际特征断裂带。

团队断裂带会导致团队内部人员在认知和情感上的分裂，阻碍知识和信息在团队内部流动，导致了团队注意力的分散，而分散的团队注意力配置势必影响相关战略的制定，最终负向影响企业的绿色技术创新。

在企业绿色技术创新的驱动因素中，能够驱动主动型绿色技术创新行为的因素更易受到团队断裂带的影响，包括规范压力、认知压力和预期收益。但压力性因素对企业的影响以合法性和同构特征为目标，在这一目标范围内企业高管团队的认知难以出现显著差别，但对绿色技术创新预期收益的判断则会由于成员特征属性上的差别而产生认知分歧，高强度的高管团队断裂带会导致团队内部沟通不畅，难以在相关议题上达成共识，最终阻碍预期收益对高管团队注意力的正向影响。

四 研究述评

通过对现有文献的梳理能够发现，企业绿色技术创新的相关研究在深度和广度上已经取得了一定进展，但是仍然存在以下三点

---

① Lau D. C., Murnighan J. K., "Demographic Diversity and Faultlines: The Compositional Dynamics of Organizational Groups", *Academy of Management Review*, Vol. 23, 1998, pp. 325 – 340.

不足之处。

(一) 研究深度不足

现有关于企业绿色技术创新驱动问题的研究多局限于对企业绿色创新的一种或多种影响因素层面，亟须形成系统性、动态性的多层次绿色技术创新驱动机制研究范式。

1. 研究层次单一

当前关于绿色技术创新驱动机制的研究数量极少，仅有的研究也多集中于分析单一层面的驱动要素对绿色技术创新的驱动作用，如针对外部因素的环境规制和政府补贴研究，针对内部因素的高管团队背景特征研究等。

2. 研究系统性不足

事实上，技术创新的驱动机制是一个完整的闭环驱动系统，而已有的针对企业绿色技术创新驱动的研究却极为分散，零散的要素型研究无法从整体上推进绿色技术创新发展，因而在实践中难以取得理想效果。

3. 缺乏动态性研究

目前并没有关于企业绿色技术创新驱动机制的动态性研究，而当前开放型经济发展状态下，创新要素的变化日新月异，以静态视角考察绿色技术创新驱动问题，已然不符合当前绿色技术创新发展现状。

(二) 空间性研究缺乏

现有关于企业绿色技术创新驱动机制的相关研究中，缺少基于空间视角的绿色技术创新驱动机制研究。已有研究极少关注绿色技术创新驱动机制的空间差异性和动态变化性，鲜见的研究也存在一定局限性。

首先，现有研究只关注了绿色技术创新结果的空间差异性，未考虑绿色技术创新驱动机制的空间差异性。关于绿色技术创新绩效（效率）或能力的地域差异性已经得到了研究者的关注，但在这些差异背后存在着更深层次原因，那就是绿色技术创新环境和创新基础导致的驱动机制的差别，而目前尚没有涉及这一问题的研究。

其次，现有研究未关注企业绿色技术创新驱动机制的空间动态变化性。绿色技术创新过程中同时存在着技术溢出和污染转移两种空间效应，而两种效应均会对区域企业绿色技术创新驱动机制产生影响，是驱动机制动态变化的重要原因，而目前技术溢出和污染转移对企业绿色技术创新影响的研究几乎处于空白，且没有涉及二者对创新驱动机制影响的研究。

（三）系统性政策研究较少

现有关于绿色技术创新政策研究的文献缺少对政策异质影响性的研究以及对处于发展周期不同阶段的区域性绿色技术创新体系的设计研究。当前绿色技术创新相关研究鲜有基于企业角度的政策优化建议，且由于大多数研究是从单一影响因素角度入手对绿色技术创新的研究，因此政策建议往往缺乏全局性考虑和系统性思考。

当前，在传统技术创新领域，创新生态体系的建设已经有了较为深入地研究，而绿色技术创新生态体系建设仍处于空白阶段，亟须从包括企业自身在内的各利益相关者角度出发，优化政策设计，构建符合区域绿色技术创新阶段性特征的绿色技术创新生态体系。

第二节 理论基础

一 技术创新理论

当前学术界公认的关于"创新"的概念最早由美籍奥地利经济学家熊彼特在1912年提出。然而也有学者认为,关于现代创新内涵的表述更早地可以追溯到马克思在《资本论》(第三卷)所提到的自然科学在技术进步中的作用。这一部分论述中,马克思指出:"生产力的这种发展,最终总是归结为发挥着作用的劳动的社会性质,归结为社会内部的分工,归结为脑力劳动特别是自然科学的发展。"[①] 由此可见,虽然马克思并虽未直接提到"创新"的概念,但其理论体系中早已隐晦地包含着创新思想,因而马克思主义的经典著作被部分学者认作现代创新理论的主要渊源之一。不仅如此,企业作为创新主体在经济社会发展中的重要作用也已经在马克思的《资本论》及其个人创造的经济学体系中得以强调。[②] 虽然马克思没有对创新进行进一步的系统阐述和分析,但是他显然已经意识到了创新的重要性。

在熊彼特创新思想的基础上,西方学者进行了进一步的研究,产生了技术创新的四个重要流派,分别是以埃德温·曼斯菲尔德(Edwin Mansfield)等人为代表的"新熊彼特学派"(Neo-Schumpeterian Economics)、以索洛(S. C. Solow)为代表的"新古典学派"、以兰斯·戴维斯(Lance E. Davis)、道格拉斯·诺斯(Douglass C. North)和罗伯斯·托马斯(Robert Paul Thomas)等人为代表的

[①] 马克思:《资本论》(第三卷),人民出版社2004年版,第96页。
[②] 杨朝辉:《创新经济理论的马克思主义渊源分析》,《青海社会科学》2014年第4期。

"制度创新学派"和以克里斯托弗·弗里曼（Chirstopher Freeman）及理查德·尼尔森（Richard R. Nelson）为代表的"国家创新体系学派"。

（一）"新熊彼特学派"的技术创新理论

长期经济发展和经济周期的变化是熊彼特创新理论的主要关注点，少量杰出的企业家和大量创新模仿者是熊彼特创新理论中的两类最重要创新主体，企业对超额利润的永恒追求是导致创新源源不断涌现的根本动力。在随后的研究中，熊彼特也注意到大企业中的制度化创新行为，认可了大企业在创新活动中的支配作用，同时对垄断持有较为宽容的态度，认为垄断激励创新出现。[①] 总体来说，熊彼特的创新理论包含了两个主要观点：第一，企业规模越大，创新活动就越有优势。其原因在于创新是具有高固定成本、低边际成本特点的行为，企业规模越大，就越有利于摊薄固定成本。第二，市场集中是企业实现更有效率的生产的前提，即追求垄断利润正是企业家从事创新的动力。

在熊彼特的创新理论提出后，20世纪50年代兴起的"新熊彼特主义"将熊彼特的创新思想置于新古典经济学框架下，从微观、中观和宏观三个角度，重新研究并阐释了创新的内涵，并在技术创新领域提出了自己独创的见解。"新熊彼特主义"指出，与传统产业格局不同，新的知识密集化产业使企业间的竞争由价格扩展到研发，但微观企业个体间的交互影响机制至今尚未被全面准确地刻画，其如何导致创新在宏观层面涌现也未可知，但"新熊彼

---

① 贾理群、刘旭、汪应洛：《新熊彼特主义学派关于技术创新理论的研究进展》，《中国科技论坛》1995年第5期。

特主义"认定，探索中观产业现象，有助于进一步发现创新行为的跨层次实施路线，并就此展开了创新研究的"中观经济学革命"。

曼斯菲尔德提出技术创新与模仿之间的关系，并由此建立新技术模仿理论。他指出，在一定时期内的一定部门中采用某项新技术的影响因素包括模仿比例、采用新技术的企业相对盈利率及采用新技术所需的投资额等。他的技术模仿理论主要阐释了新技术被某个企业率先采用后，需要隔多久才能被多数企业采用。该理论在一定程度上有助于对技术模仿和推广的解释。①

此后的研究探讨了技术创新扩散的路径依赖，指出技术扩散分为企业内、企业间及国际扩散三种。同一国家同一产业中的不同企业对新技术采用速度反应不同，同一创新成果在不同国家的扩散程度不同，甚至于在同一国家不同地区也不同。

20世纪70年代，卡曼（Kamien M.）和施瓦茨（Schwartz N. L.）探讨了垄断竞争条件下的技术创新过程，提出了"技术创新与市场结构"理论，发现了决定技术创新的三个变量，分别是竞争程度、企业规模和垄断力量。在他们的研究中，竞争是技术创新的诱发因素，创新者因而在竞争中能够获取更多利润，但高度竞争对研发活动并非是线性推进作用，最能有效推进技术创新活动发展的市场结构，就是介于垄断和完全竞争之间的市场结构。②

从微观角度来看，新熊彼特主义者着重关注企业内部职能部门

---

① Mansfield E., "Patents and Innovation: An Empirical Study", *Management Science*, Vol. 32, No. 2, 1986, pp. 173–181.
② Kamien M., Schwartz N. L., "Conjectural Variations", *Discussion Papers*, Vol. 16, No. 2, 1980, pp. 191–211.

间的联系及知识的内部循环累积过程。在对美国和日本企业的研究中，他们发现日本企业的创新是将工厂作为实验室的"打橄榄球"式创新，而美国企业在研发、生产和销售部门间是一体化系统式管理方式和技术的创新，这是使其在产品质量和成本方面领先于竞争对手的优势所在，这也解释了分包合同无法普及的原因，即技术的内部活动和技术的外部获取是互补的，二者并非是可供独立选择的两种技术发展模式。①

（二）"新古典学派"的技术创新理论

索洛是"新古典学派"代表性人物，在他的《在资本化过程中的创新：对熊彼特理论的述评》一文中，提出了创新成立的两个条件，即新思想的来源和以后阶段的实现和发展。② 这种"两步论"被认为是技术创新概念界定研究上的一个里程碑。他针对技术创新问题在"市场失灵"这一前提下展开研究，先后发表了《对经济增长理论的一个贡献》和《技术进步与总生产函数》两篇文章，文章中探讨了美国1909—1949年的经济增长因素，指出技术变化对经济增长的贡献超过85%，远超资本增长带来的贡献。由此，索洛认为技术进步是经济持续增长的最主要动力，没有技术进步，资本积累报酬会递减③，技术则会抑制资本积累报酬递减。此后的研究除了肯定技术在经济增长中的决定性作用，新古典学派还深入探讨了政府在技术创新过程中的作用。

---

① Yasunori, Baba, "The Dynamics of Continuous Innovation in Scale-intensive Industries", *Strategic Management Journal*, Vol. 10, No. 1, 1989, p. 1.

② Carolyn Shaw Solo, "Innovation in the Capitalist Process: A Critique of the Schumpeterian Theory", *The Quarterly Journal of Economics*, Vol. 65, No. 3, 1951, pp. 417–428.

③ 杨发庭：《绿色技术创新的制度研究——基于生态文明视角》，中国社会科学出版社2017年版。

然而,"新古典学派"的分析工具仍然是正统经济理论模型,因而对始终处于动态变化中的经济现实而言,难以全面掌握和反映。对于一些重大的理论与现实问题,如决定企业生产率水平高低的因素是什么,决定企业间生产率差异的因素又是什么,新技术的产生、筛选、扩散过程怎样,"新古典学派"始终未能给予充分的解答。另外,技术创新的新古典学派是将技术创新过程看成一个"黑箱",黑箱内部的运作并不在其研究范围内,这与将创新作为一个过程进行研究的"新熊彼特"学派形成了鲜明的对照。

(三)"制度创新学派"的技术创新理论

由于创新行为的外部性特征,一些学者认为技术创新主要取决于制度安排,因而开始探讨制度与经济社会发展之间的关系,形成了"制度创新学派"。从研究着眼点来看,制度学派又可分为"旧制度创新学派"和"新制度创新学派"。

托尔斯坦·凡勃伦(Thorstein B. Veblen)是"旧制度创新学派"的代表人物,代表了制度经济学中的社会学派,他的著作《有闲阶级论》一书抛弃了新古典经济学的基本研究框架,从人类学、生物学、心理学、考古学、宗教学等学科综合考察论述了人类社会生产制度以及货币制度的演化过程,书中把制度定义为"个人或者社会对于某些关系或者某些作用的一般性的思想习惯",同时指出制度之所以要变革,原因在于人类社会的生活习惯和思维方式总是与过去的社会生活和环境适应,但并不能完全同当下的社会经济发展要求一致。① 所以制度唯有不断地变革,才能更好

---

① [美]凡勃伦、甘平:《有闲阶级论:关于制度的经济研究》,武汉大学出版社2014年版。

地适应现实的需要。与凡勃仑的观点有所差异，同为"旧制度创新学派"的经济学家约翰·康芒斯（John Rogers Commons）在《制度经济学》一书中发展了进化理论和制度变化理论，融合了法律、经济学和伦理学研究，重新定义了"制度"的内涵，着重关注社会结构的发展和变革的康芒斯，被认为代表了制度经济学中的法律学派。[①] 他将"制度"解释为"集体行动控制个体行动"，是对商品、劳动或任何其他经济量的法律上的控制，并指出古典经济学的和享乐主义经济学只涉及了物质的控制，显然是有所偏颇的。

"旧制度创新学派"开启经济领域关于制度研究的先河，明确了制度在经济社会中的重要价值，而后的研究在其基础上，意义鲜明地强调了经济发展与制度创新间的关系，并形成了"新制度主义学派"。道格拉斯·诺斯与罗伯斯·托马斯开创性地运用新古典经济学和经济计量学来研究经济史问题，在二人合著的《西方世界的兴起》一书中指出，技术变革并非西方世界国家经济增长的主要原因，有效率的经济组织才是经济增长的关键因素。[②] 此后，道格拉斯·诺斯又与兰斯·戴维斯合著了《制度变迁与美国经济增长》，进一步指出，要揭开长期经济增长的奥秘，就不能缺少对制度的创新、变更与消亡理论的应用和发展。[③] 就美国而言，其短时期内的快速崛起就在于其自身不断完善的社会制度，虽然经济发展会不断地受到现有体制结构制约，但是制度创新是打破

[①] ［美］康芒斯：《制度经济学》，商务印书馆1962年版。
[②] ［美］道格拉斯·诺斯、罗伯斯·托马斯：《西方世界的兴起》（第2版），华夏出版社1999年版。
[③] ［美］道格拉斯·诺斯、兰斯·戴维斯：《制度变迁与美国经济增长》，格致出版社2019年版。

这一制约的有效途径，且能够对国家发展产生深远的影响。他们还指出，制度之所以会革新，源于创新对潜在的利润的改变以及创新成本的降低使制度安排的变迁变得合算。他们还较为详细地划分了制度创新的五个步骤：第一步，制度创新的发起，其源于第一行动集团预期制度创新会带来潜在利益；第二步，制度创新模式的初现，其源于第一行动集团在现有认知下提出具体的创新方案；第三步，制度创新的结果分析，主要是第一行动集团对制度创新后的净收益进行比较；第四步，制度创新的衍生，即由第二行动集团在第一行动集团对利益分享的许诺之下建立制度决策单位；第五步，新制度完全建立，即所有行动集团共同完成制度创新全部过程。此后的研究中，计量经济分析方法开始被逐渐广泛地使用，拉坦从稀缺资源的相对价格变化、技术进步和知识增进对需求与供给的影响入手，在《诱致性制度变迁理论》一文中进一步强调了制度的变革过程，指出"要素与产品的相对价格变化及其与经济增长关联的技术变迁引致了制度变迁需求的转变，社会科学知识、法律、商业、社会服务和规划领域的进步引致了制度变迁供给的转变"，而"经济体内部永远存在着导致其出现非均衡状态的力量，这些力量自发的进展，然后沿着非均衡的发展路径再给予一个类似于强制变迁的外部推动力，就能保证制度变迁在个人理性与社会理性的相统一的路径上前进"[①]。

（四）"国家创新体系学派"的技术创新理论

"国家创新系统"的概念最早萌生于德国经济学家李斯特

---

① Vernon W. Ruttan, Yujiro Hayami, "Toward a Theory of Induced Insitutional Innovation", *The Journal of Development Studies*, No. 23, 2007, pp. 1 – 27.

（Friedrich List）的《政治经济学的国民体系》一书中，该书认为，德国在短短20年内突飞猛进，原因是关税同盟下的税制对日用品制造业的保护，并第一次提出了"国家体制"这一概念。[①] "国家创新系统"概念是在"国家体系"概念的基础上，英国经济学家克里斯托弗·弗里曼于1987年在《技术政策与经济绩效：来自日本的经验》一书中首次明确提出。他指出，"国家创新系统"是指经济体内的公共和私营部门中的各种组织机构以促进新技术研发、引进、革新和扩散为目标的网络化关系。[②] 有四个要素在这一网络关系中起重要作用，分别是核心创新企业间的竞争及合作关系、产业政策制定者、政府和教育机构以及大学。克里斯托弗·弗里曼据此对日本经济进行研究，认为以企业技术创新为核心，政府引导、制度创新和组织创新相辅的国家创新系统是日本经济迅速崛起的最根本原因。该书引起了公众对"国家创新系统"的关注，美国经济学家理查德·R. 尼尔森（Richard R. Nelson）于1988年和1993年分别出版了《作为演化过程的技术变革》和《国家（地区）创新系统：比较分析》两本著作，对美国及全球15个主要经济体的"国家创新系统"进行了全面系统的分析，指出历史背景、民族文化、资源禀赋、产业组合和制度环境的差异，导致各个经济体的"国家创新系统"呈现出不同的演化特征。[③] 与克里斯托弗·弗里曼相比，理查德·R. 尼尔森更加关注宏观制度的重要作用，是"国家创新系统"理论与"制度创新"理论的结合。

---

① ［德］李斯特：《政治经济学的国民体系》，商务印书馆1961年版。
② ［英］克里斯托弗·弗里曼：《技术政策与经济绩效：来自日本的经验》，东南大学出版社2008年版。
③ 杨发庭：《绿色技术创新的制度研究——基于生态文明视角》，中国社会科学出版社2017年版。

此后的研究开始注重"国家创新系统"中的制度创新问题，英国学者佩特尔（P. Patel）和帕维特（K. Pavitt）把国家创新系统定义为决定一个国家新知识和新技术的学习方向和速度，由国家制度、激励机制以及竞争力相互作用而有机结合形成的整体，并将激励融入"国家创新系统"理论中，在理论研究结果中得到更有针对性的政策制订方案，是关于"国家创新系统"的重要实践研究。①

丹麦奥尔堡大学经济学教授本特阿克·伦德瓦尔（Bengt-Aake Lundvall）在1992年出版了《国家创新系统：建构创新和互动学习的理论》一书，指出"国家创新系统"的本质是一个以知识传递和循环及创新主体间相互影响的学习机制为核心的社会体系，该体系通过推进新的产品、新技术、新组织和新市场的形成，进而成为更大范围内的创新体系并最终成为"国家创新系统"，因此，要改善系统运行情况，重点在于治理系统内部的互动学习机制。②

"国家创新系统"中最具影响力的研究来自1990年美国经济学家迈克尔·波特（Michael E. Porter）撰写的《国家竞争优势》。该书中，波特基于10个主要发达国家的研究，解释了它们作为财富的源泉是如何被替代的，并认为过往研究对于国家竞争力泛泛的宏观经济解释是不充分的。③ 波特在该书中提出了国家（区域）竞争力"钻石"模型，用全新的视角观察全球主要经济体的竞争

---

① Patel P., K. Pavit, "The Nature and Importance of National Innovation Systems", *STI Review*, Vol. 14, 1994, pp. 9–32.
② ［丹麦］本特阿克·伦德瓦尔：《国家创新系统：建构创新和交互学习的理论》，知识产权出版社2016年版。
③ ［美］迈克尔·波特：《国家竞争优势》，华夏出版社2002年版。

地位及变化情况，并把国家竞争力发展分为四个阶段，分别是：生产要素导向阶段（依靠资源或廉价劳力）、投资导向阶段（政府主导的大规模产能扩张）、创新导向阶段（政府无为而治）、财富导向阶段（社会已富足，强调公平弱化效率）。而该书中提出的"集群"观点已经成为企业和政府思考经济、评估地区的竞争优势和制定公共政策的一种新方式。

经济合作与发展组织（OECD）也始终致力于"国家创新系统"的研究，并在1997年发布了研究报告《管理国家创新系统》。该报告中指出，"国家创新系统"的管理需要综合、连贯的政策制度，且这种制度应该能够较好的统一个体目标和整体目标。[①] 创新族群的发展需要政府的税收政策和研发政策相互作用才能避免其被基础设施或土地使用等问题干扰。更重要的是，从系统性、进化性的视域来看，政府自身也是"国家创新系统"中的一个学习组织，需要不断地完善和革新，才能够适应动态变化中的"国家创新系统"。报告还着眼于企业间的相互作用，企业、大学与科研机构间的相互作用，知识技术的扩散及人力资本流转四个角度，建立了评估"国家创新系统"运行绩效的指标体系。

二 绿色发展理论

2015年10月，党的十八届五中全会提出"创新、协调、绿色、开放、共享"的发展理念，首次将绿色发展上升为国家意志。绿色发展的理念并非一朝形成，而是根植在马克思主义自然观、中国传统自然观及西方可持续发展观基础上的全新发展理念。是

---

① OECD：《管理国家创新系统》，学苑出版社2001年版。

马克思主义自然观在中国情境下的扩展，也是中国传统自然观在新的历史条件下的呈现，更是西方持续发展观理论的升华。

（一）绿色发展理论的渊源

1. 马克思主义辩证自然观

马克思始终十分关注生态环境问题，他的《1844年经济学手稿》《政治经济学批判大纲》《资本论》以及恩格斯的《英国工人阶级状况》《自然辩证法》《反杜林论》等著作中均批判了资本主义的生产方式所导致的生态环境恶化。马克思主义自然观推翻了西方国家由来已久的"精神和物质、人和自然、灵魂与肉体"的对立观，更是批判了其"不承认自然物具有自身的价值，只承认自然物具有为人类服务的价值"的自然观。

辩证自然观是马克思主义理论自然观的核心体现，恩格斯的《自然辩证法》中对其有完整的阐述。恩格斯敏锐地感知到西方世界反生态观念的谬误，严肃指出"不要过分陶醉于我们人类对自然界的胜利。对于每一次这样的胜利，自然界都对我们进行报复。每一次胜利，起初确实取得了我们预期的结果，但是往后和再往后却发生完全不同的、出乎意料的影响，常常把最初的结果又消除了"[①]。恩格斯讽刺地抨击了西方自然观中的反生态思想，为我国的绿色发展提供借鉴和启示，其不仅对当前国际国内认识和解决全球环境威胁有重要的指导意义，也能够对我国大力度推进的生态文明建设提供理论和实践指导。

马克思主义辩证自然观认为，生态系统是由人类与所处环境共同构成的一个整体系统，自组织开放性是其本质特征，这一特征

---

① 《马克思恩格斯选集》（第四卷），人民出版社1995年版，第383页。

引导系统内、外不断地进行物质、能量和信息的交换，是一个具备整体性、动态性、自组织性、协调性和自适应性特征的开放性系统。以往"竭泽而渔""杀鸡取卵"的生产方式是对生态系统自组织特性的破坏，加速转变这一生产方式，是实现绿色发展的关键因素，也是推进绿色发展的主要着力点。而实现产业体系的绿色化转型升级，构筑体系完整、韧性高的生态系统是推进生态经济绿色发展的核心内容。

马克思主义辩证自然观还指出，人类社会与生态环境间的关系应该遵循公平和可持续性原则，通过发展低碳经济、循环经济，建设人与自然和谐发展的生态文明社会，并最终实现人类社会与生态系统的共生发展与演化。辩证自然观的提出，冲击了传统西方世界资本主义自然观的统治地位，而后的事实也不断在证明着，自然世界和人类世界一样，都处于不断发展进化的过程中，人类利用自然所给予的载体实现自身的发展，但必须时刻保持对自然的敬畏之心，尊重自然，与自然环境和谐共处。[①]

2. 中国传统自然观

中国传统自然观以"天人合一"为核心，认为人与自然本是一体共生的，人天然的应该与自然环境兴衰与共。这种价值取向体现出了中国古人对人与自然和谐的向往，体现着最朴素的绿色发展的思想。[②]

平等和谐是中国传统自然观的基本价值取向。"究天人之际，通古今之变"体现着中国古人对人与自然关系的基本态度。无论

---

① 转引自张才国、叶竹青《绿色发展的理论来源、基本准则和科学举措》，《郑州航空工业管理学院学报》2016年第5期。

② 王力沛：《中国传统自然观与当代绿色发展》，《南都学坛》2016年第3期。

是儒学经典，还是道家的"道性"观，或是佛家的观世之法，无一不映射出中国古人对大自然的尊重、亲近及归属感，无一不主张人与自然和谐相处，主张人类在社会生产中要顺应自然规律，尊重自然发展秩序，合理利用和维护自然资源，以此实现人类自身的生存和社会发展。

中国传统自然观还注重主体对客体的"体悟"，主张人要在自然界中审慎观察各自然物的存在及变化状态，于草木枯荣和四季更替中探寻宇宙规律，感悟人类的本性、本心。中国传统的自然观是古人在长期的社会实践和历史发展过程中，经过对人与自然关系的深度思考而得出的智慧结晶，群众基础广泛，历史渊源悠长，而其对人与自然和谐关系的探究，成为当前绿色发展理念这一时代课题中的重要理论渊源。

绿色发展理念是对中国传统自然观的继承，秉承了对自然万物的尊重、敬畏、关怀及珍惜之心，结合新的时代背景，礼敬了中国传统自然观"天人合一"的主导思想，但是，也在一定程度上对其进行了批判与超越。

3. 可持续发展观

近代西方国家不断遭遇生态困境，可持续发展观应运而生。与西方发达资本主义国家早期所主张的工业发展为主、经济发展为核心的"灰色"发展观相比，可持续发展观更适应公民、社会和当今时代的需求。可持续发展观以缓解生态环境危机、减轻环境风险为主要目标，其理论视域内不仅包括西方发达资本主义国家，也包括所有的发展中国家，呼吁和鼓励全人类共同保护生存环境，是可持续发展观的终极要义。

可持续发展观认为，以生态理性代替经济理性，实现人类社会从工业文明到生态文明的范式转变,是基于生态危机对生产方式造成的威胁的考虑,也是基于将自然界视作道德主体的生态伦理学视野的斟酌,没有自然的可持续发展,就必然没有人类的可持续发展。近几年的联合国环境与发展大会以及世界气候峰会在可持续发展观在世界范围内的推动起了重要作用,这些会议使得来自不同地域、拥有不同文化背景和社会意识形态的人们,不仅打破了疆域的限制,更突破了文化的隔阂,为保护共同的家园而相聚,形成人类命运共同体,达成系列生态环境保护方面的共识。

可持续发展观虽然源于西方国家,但也可为我所用、洋为中用,一方面吸收其中的精华部分以及适用于我国的部分,更好地丰富绿色发展自身的理论内涵,开拓理论的国际视野;另一方面时刻保持警惕,注意对其进行正确的价值判断,批评其中可能隐含的生态帝国主义以及生态不公正等现象。[①]

以绿色发展理念为引领建设美丽中国,在绿色发展理念中融入可持续发展观的思想净化,有助于我们积极探索构建平等的世界绿色发展治理模式,强调国际视野下所有国家公平发展的权利与生态责任,有利于我们透彻地解构西方话语霸权主导下的生态帝国主义,为和我国一样的广大发展中国家争取到更多的绿色权益,在国际社会中实现真正意义上的"代内、代际公平""生态公平"与"绿色正义"。

(二)绿色发展理念的理论创新性

绿色发展理念体现了中国特色社会主义理论体系关于人类社

---

① 金瑶梅:《何以引领美丽中国建设——绿色发展理念的理论渊源》,《探索与争鸣》2017年第11期。

会发展思想的全新理论视域，是五大发展理念的重要环节，也是马克思主义理论与当代中国现实相结合的又一项重要创新成果，是中国特色社会主义理论体系对马克思主义生态文明观的重大理论贡献，也是对世界如何发展提出的中国方案。绿色发展理念的理论创新性主要体现在以下几方面。

1. 理论视角上的创新

绿色发展理念以全新的发展视角，公平审视了世界人类命运共同体在生态环境恶化中的共同责任和义务，以大国的担当与胸怀，结合我国经济现实发展阶段的特征，以经典马克思主义生态文明思想为框架，对其进行了理论内涵上的深化以及外延上的拓展，实现了对马克思主义生态文明观的理论创新。

2. 对马克思理论发展价值上的创新

绿色发展理念是马克思对人的自由全面发展这一终极问题探究在发展价值上的创新。党的十八届六中全会提出的绿色发展实践方略，以形成资源节约型、环境友好型的社会主义现代化国家为目标，为建设人与自然的和谐共处的全新绿色发展社会构筑了坚实的基础。与马克思主义理论体系相比，绿色发展理念突破了原有理论的历史条件局限，从人民群众的核心利益出发，体现其社会主体地位的价值选择，并将构建良好的生活环境与经济建设二者辩证统一，在此基础上提出了将生态文明与人类福祉相结合的具体路径，这是绿色发展理念中对马克思理论的补充和发展。[①]

3. 对马克思主义生态理论的创新

马克思提出，自然是一种生产力，自然界是生产力的重要构成

---

① 李国俊、陈梦曦：《习近平绿色发展理念：马克思主义生态文明观的理论创新》，《学术交流》2017年第12期。

要素，唯物史观认为生产力是决定社会发展最重要的要素，是引起社会结构和社会面貌变化的直接力量。绿色发展理念是对马克思的生态文明观点的延续和继承，蕴含着深刻的"绿色环境发展"思想。绿色发展理念将马克思"生态循环理论""自然先在性理论""人与自然的辩证统一理论"创造性地继承并发展，是对马克思主义生态理论的重大理论创新。

第三章　环境规制对企业绿色技术创新的驱动性研究

环境问题是当前世界各国面临的最重要风险，却始终没有得到足够重视。2019年达沃斯世界经济论坛发布的《全球风险报告》中指出，忽视环境风险，将最终导致全球"梦游般的走向灾难"。生态环境带来的威胁在我国同样不容乐观。改革开放后，我国在经济发展上取得了令人瞩目的成绩，但同时带来了一系列的环境污染问题，城市雾霾天气频繁，水质污染严重，生态环境不断恶化。如何协调经济发展与环境保护间的关系，是未来很长一段时间内我国政府和企业必须面对和解决的首要问题。

企业既是经济发展的主体，也是污染排放的最重要主体。唯有实现企业的绿色发展，才能从根源上缓解环境污染，改善生态环境。正因如此，企业的绿色技术创新能力问题近年来正在受到越来越多的关注。由于绿色技术创新着重强调低能耗、无污染、循环利用和清洁化，因此其被认定为是实现经济绿色发展的重要途径之一。已有研究表明，绿色技术创新存在着严重的市场失灵问题，必须依靠政府制定的环境规制才能解决①，处于同一环境规制压力下的企业，由于高管团队注意力配置的异质性影响，不同企业战略决策出现差异，而企业的战略决策对绿色技术创新行为起着决定性的作用②，这一差异也最终导致了企业在绿色技术创新能力或成果上的差别。

本章立足这一视角，考察分析了环境规制对企业绿色技术创新的影响路径，同时深入研究了在这一过程中高管团队断裂带对团队环境注意力的影响。本章采用 Hayes 提出的"条件过程模型"（conditional process analysis）替代了传统的有调节的中介模型，从新的角度理解和阐释了变量间相互作用的机制，以期为政府制定区域绿色技术创新政策提供有效建议，为促进我国区域性绿色技术创新环境的改善、企业绿色技术创新能力提升和绿色技术创新的持续发展提供参考。③

第一节 理论分析与研究假设

一 环境规制与企业绿色技术创新

环境规制是指政府对企业生产过程中排污行为的强制性约束，绿色技术创新则是企业对政府环境规制压力的响应。④ 和传统的技

---

① Schaefer, A., "Contrasting Institutional and Performance Accounts of Environmental Management Systems: Three Case Studies in the UK Water & Sewerage Industry", *Journal of Management Studies*, Vol. 44, No. 4, 2007, pp. 506–535.

② 刘海兵、王莉、肖强：《促进还是阻碍？高管团队断层对技术创新的影响——基于中国民营制造业 2014—2016 年的经验证据》，《海南大学学报》（人文社会科学版）2018 年第 4 期。

③ Hayes A. F., *Introduction to Mediation, Moderation, and Conditional Process Analysis: A Regression-based Approach*, New York: Guilford Publications, 2017.

④ 邝嫦娥、路江林：《环境规制对绿色技术创新的影响研究——来自湖南省的证据》，《经济经纬》2019 年第 2 期。

术创新相似,绿色技术创新也具有高投入、高风险、回报慢等特征[①],与传统技术创新不同之处在于,绿色技术创新行为的"环境外部性"导致企业缺乏主动制定绿色技术创新战略的动力[②],这就需要适宜的环境规制压力起到引导、鼓励和威慑作用。

当前有关环境规制与企业绿色技术创新之间关系的研究已有很多,大部分研究集中于讨论环境规制对技术创新的促进或是抑制作用,以"制度阻碍论"和"波特假说"最为典型,"制度阻碍论"的观点认为,绿色技术创新无法为企业带来直接经济效益,反而会大量占用本应用于生产活动的投资,所以企业宁愿采取末端治理等污染治理方式,也不愿投资于绿色技术的研发。基于"波特假说"的研究认为,环境规制引致企业进行被动的绿色技术创新,而绿色技术创新的成本会随着时间的推移而消失,为企业带来经济效益的同时,还能够提升其社会声誉。

也有部分研究认为,环境规制与企业绿色技术创新间存在着非线性关系,即随着环境规制强度的增大,企业绿色技术创新成果或能力会经历由弱到强的变化,这一过程中,不同类型的环境规制也会带来差异性影响。[③]

总结前人研究能够发现,已有研究大多着眼于考察环境规制与

---

① 陈力田、朱亚丽、郭磊:《多重制度压力下企业绿色创新响应行为动因研究》,《管理学报》2018 年第 5 期。

② Hall, B. H., Helmers, C., "Innovation and Diffusion of Clean/Green Technology: Can Patent Commons Help?" *Journal of Environmental Economics and Management*, Vol. 66, No. 1, 2013, pp. 33 – 51.

③ 沈能、周晶晶:《技术异质性视角下的我国绿色创新效率及关键因素作用机制研究:基于 Hybrid DEA 和结构化方程模型》,《管理工程学报》2018 年第 4 期。Chan, H. K., Yee, R. W. Y., Dai, J. et al., "The Moderating Effect of Environmental Dynamism on Green Product Innovation and Performance", *International Journal of Production Economics*, Vol. 181, 2016, pp. 384 – 391.

企业绿色技术创新之间的直接关系，虽然在研究结论上尚未达成一致，但无论哪种"规制—创新"观点，均认可环境规制对绿色技术创新所产生的影响是以企业高管团队的战略抉择为中介的，缺少企业对环境规制的战略反馈，规制就无法对绿色技术创新产生影响。因此，基于对过往研究的总结和对相关理论的分析，本书认为环境规制和企业绿色技术创新之间并不存在直接的线性或非线性关系，而是以高管团队的战略反馈为中介产生的间接关联，有鉴于此，提出以下假设：

H3-1：环境规制与企业绿色技术创新间不存在直接的显著相关关系。

二 高管团队环境注意力的中介效应

高管团队的环境注意力是指企业高管团队对生态环境保护这一议题给予的关注度的大小。从注意力基础观角度出发的研究发现，高管团队对外部各因素的认知是其将注意力放置于何种议题上的充分反映。目前已有少量关于高管团队注意力的研究出现，仅有的研究证实，高管团队的创新注意力对企业创新战略有积极影响[①]，高管团队的外部注意力能够促进企业国际化战略的形成，但目前尚无关于高管团队环境注意力的相关研究。然而正如前文所述，环境规制与绿色技术创新间的关系实际上是由企业战略所决定的，与过往研究相比，近期研究逐渐意识到，由于绿色创新资源的缺乏以及本土企业相对集中的权利，我国企业绿色技术创新

---

① 吴建祖、曾宪聚、赵迎：《高层管理团队注意力与企业创新战略——两职合一和组织冗余的调节作用》，《科学学与科学技术管理》2016年第5期。

战略的制定可以被认定是企业高管团队根据自身经验和认知对环境规制做出的反馈，根据高阶梯队理论和注意力基础观能够发现，决定这一反馈效果的正是高管团队的环境注意力。因此判断，高管团队的环境注意力对环境规制与企业绿色技术创新起到中介作用，并提出以下假设：

H3-2：高管团队注意力在环境规制和绿色技术创新间有中介效应。

三 高管团队断裂带、团队环境注意力与企业绿色技术创新

关于高管团队注意力的研究大部分在探究注意力对企业绩效、企业战略和决策行为的影响，尚无研究考虑团队注意力结构性分布或配置的影响因素。基于前人研究能够发现，团队注意力配置以企业所处的环境为基础，以面临的任务情境为载体，结合团队成员背景特征，在沟通和冲突等团队过程后产生。同样基于团队成员背景特征产生的还有高管团队断裂带（team faultlines）。所谓团队断裂带是指基于多个特征联合，将一个团队划分为两个以上子团队的假定分界线[①]，本土情境下，高管团队断裂带依据其成因可以分为四种类型，分别为社会分类断裂带、任务相关断裂带、社会资本断裂带和人际特征断裂带。

从注意力配置角度来说，高管团队的注意力是有限的[②]，高强

[①] Lau, D. C., Murnighan, J. K., "Demographic Diversity and Faultlines: The Compositional Dynamics of Organizational Groups", *Academy of Management Review*, Vol. 23, No. 2, 1998, pp. 325–340.

[②] 黄金鑫、陆奇岸：《团队注意力配置对团队绩效的作用机制研究：以团队过程为中介》，《当代经济管理》2016年第1期。

度的团队断裂带必将导致团队注意力聚焦困难,知识和信息无法在团队成员间顺利传递,同时妨碍团队成员的沟通交流,加剧团队冲突,最终影响团队对外部环境认知的一致性。[①] 就绿色技术创新而言,分散的高管团队注意力配置将抑制环境规制有效作用于企业,企业也因环境注意力的降低而做出弱化的战略反馈,进而阻碍绿色技术创新的发展。断裂带对高管团队注意力的负向影响不容小觑,但团队断裂带具备潜藏特性,即潜在的断裂带无法被团队成员感知,因而不会对团队结果产生影响。断裂带的潜藏和激活必须在特定的任务和情境下进行考察,已有研究表明,在绿色技术创新这一任务情境下,4种断裂带类型中均包含对任务情境敏感性较高的团队成员背景因素,这些因素将导致特定的环境规制下,绿色技术创新任务中的高管团队断裂带的形成。因此提出假设H3-3和假设H3-4,并绘制本书的理论模型图,如图3-1所示。

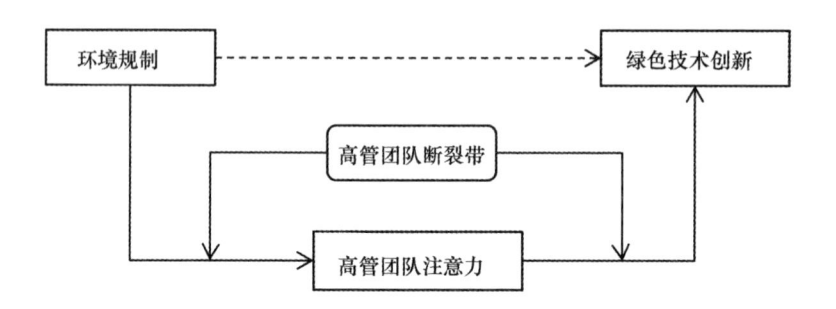

图3-1 环境规制—高管团队—绿色技术创新关系的理论模型

---

① Tuggle, C. S., Schnatterly, K., Johnson, R. A., "Attention Patterns in the Boardroom: How Board Composition and Processes Affect Discussion of Entrepreneurial Issues", *Academy of Management Journal*, Vol. 53, No. 3, 2010, pp. 550-571.

H3-3：高管团队断裂带对环境规制和高管团队环境注意力的关系起到负向调节作用，高管团队断裂带强度越低，环境规制对高管团队环境注意力的正向影响越强。

H3-4：高管团队断裂带对高管团队注意力和企业绿色技术创新的关系起到负向调节作用，高管团队断裂带强度越低，高管团队注意力对企业绿色技术创新的正向影响越强。

第二节 环境规制对企业绿色技术创新影响机制的实证研究设计

一 样本选择与数据来源

本书以2014—2018年我国A股上市的重污染企业为样本，参照大多数相关研究，对重污染行业的认定以证监会2012年的《上市公司行业分类指引》、环保部2008年的《上市公司环保核查行业分类管理名录》（环办函〔2008〕373号）以及《上市公司环境信息披露指南》（环办函〔2010〕78号）为准，共包括16大类行业，分别为火电、钢铁、水泥、制药、冶金、电解铝、煤炭、化工、建材、纺织、造纸、酿造、石化、发酵、制革和采矿业。

进一步对样本进行筛选，筛选的原则为：（1）为保证数据完整性，剔除连续数据不足四年的上市公司，剔除2014年1月1日后上市的企业；（2）为保证样本代表性，剔除ST、*ST、SST和S*ST样本；（3）为保证模型可操作性，剔除样本期内任一统计年度高管团队规模少于7人的上市公司。最终确定了119个样本企业，共计43435个观测值。

高管团队成员背景特征数据来自国泰安（CSMAR）数据库，部分缺失数据经查企业年报补齐。环境规制数据来自《中国城市统计年鉴》，经人工整理获得。绿色技术创新相关数据来自中国国家知识产权局专利公布公告系统。高管团队环境注意力数据由公开途径获得的企业年报经文本分析整理获得。数据的基础处理利用 EXCEL 2013 完成，条件过程模型的测算和检验利用 SPSS-Process 实现。

二　变量定义与测度

（一）因变量：绿色技术创新（GTI）

绿色技术创新指标有多种定义方法，部分研究选择以"研发投入/能源消耗量"测度企业绿色技术创新能力[①]，也有研究用全部研发投入的自然对数作为绿色技术创新能力的代理变量，本书根据重污染企业的特点，结合相关研究经验，选择以专利授权数量来衡量企业绿色技术创新能力，对绿色技术创新的认定参照董直庆和王辉[②]的研究，根据世界知识产权组织（WIPO）提供的绿色专利清单中列示的绿色专利国际专利分类（IPC）编码，从国家知识产权局专利公布公告系统获取，这一指标与企业绿色技术创新发展水平正相关。

（二）自变量：环境规制（ER）

已有文献中对环境规制的测量方法十分多样，基于治污角度的研究以单位 GDP 能耗代表环境规制强度[③]，基于发展角度的研究利

[①] 王锋正、陈方圆：《董事会治理、环境规制与绿色技术创新——基于我国重污染行业上市公司的实证检验》，《科学学研究》2018 年第 2 期。

[②] 董直庆、王辉：《环境规制的"本地—邻地"绿色技术进步效应》，《中国工业经济》2019 年第 1 期。

[③] 江珂：《环境规制对中国技术创新能力影响及区域差异分析——基于中国 1995—2007 年省际面板数据分析》，《中国科技论坛》2009 年第 10 期；余伟、陈强、陈华：《环境规制、技术创新与经营绩效——基于 37 个工业行业的实证分析》，《科研管理》2017 年第 2 期。

用环境治理投资额衡量环境规制水平。[①] 本书借鉴李敬子等[②]的研究，以市辖区建成区绿化覆盖率来衡量环境规制强度，这一指标不仅与环境治理程度密切相关，且基本不受绿色技术创新的影响，避免了其他衡量方式可能带来的内生性问题。这一指标与环境规制强度间呈现正相关关系。

（三）中介变量：高管团队环境注意力（*TEA*）

当前的研究中对于高管团队注意力的量化方式基本统一，均采用自动文本分析方法测量高管团队注意力配置，国外研究大多使用致股东的信作为分析源，国内研究以企业年报、董事会纪要和决议等相关文本材料为主。根据披露完整度和数据可得性要求，本书采用样本企业年报作为分析资料，年报是对公司的经营方向和发展议题的反映，也是公司重要战略意图基本体现。在年报的基础上，采用文本分析软件 Text Statistics Analyzer 进行分词，利用霍斯提（Holsti）一致性公式保证所选关键词的信度，关键词选择包括"环保、生态、低碳、环境、绿色、清洁、净化、污染、治理、废气、废水"等一系列生态环境相关词汇，提取关键词后，经由人工分析语句内容，确保其能够代表企业环境注意力方向，剔除无关语句，最终形成关键词词频统计表。

（四）调节变量：高管团队断裂带（*TF*）

根据基于 Sobol 敏感型分析的团队断裂带研究，高管团队成员部分特征属性会在绿色技术创新任务下被激活，这些特征包括年

[①] 刘斌斌、黄吉焱：《FDI 进入方式对地区绿色技术创新效率影响研究——基于环境规制强度差异视角》，《当代财经》2017 年第 4 期。
[②] 李敬子、毛艳华、蔡敏容：《城市服务业对工业发展是否具有溢出效应？》，《财经研究》2015 年第 12 期。

龄、性别、任期、学历、工作职能，学术背景和校友关系，涵盖 4 种基本的断裂带类型，本书基于这些背景特征属性，进一步利用 Lau 等[①]提出的"二分模式"计算绿色技术创新任务下的高管团队断裂带强度，其计算方法为

$$Fau_g = \frac{\sum_{j=1}^{q}\sum_{k=1}^{2} n_k^g (\bar{x}_{jk} - \bar{x}_j)^2}{\sum_{j=1}^{q}\sum_{k=1}^{2}\sum_{i=1}^{n_k^g} (x_{ijk} - \bar{x}_j)^2} \quad g = 1,2,3,\cdots,s$$

其中，g 为断裂带分类方式；q 为被考察特征属性总数；s 为全部断裂带类型数量；n_k^g 为第 g 种分类方式下子团队 k 的成员数；$\bar{x}_{jk}$ 为第 k 个子团队中第 j 种属性的均值；$\bar{x}_j$ 表示整个团队中特征属性 j 的均值；x_{ijk} 表示第 k 个子团队中成员 i 的属性 j 的取值。高管团队断裂带总强度为 $\sum_{g=1}^{s} Fau_g$。

(五) 控制变量

借鉴已有的研究，选择企业规模（SIZE）、企业年龄（E_AGE）、盈利能力（PRO）、发展能力（GROW）为控制变量。主要变量名称及说明如表 3-1 所示。

表 3-1　　　　　　　　变量名称及说明

类型	变量	名称	说明
因变量	GTI	绿色技术创新	专利授权数量
自变量	ER	环境规制	市辖区建成区绿化覆盖率

---

① Lau D. C., Murnighan J. K., "Demographic Diversity and Faultlines: The Compositional Dynamics of Organizational Groups", *Academy of Management Review*, No. 23, 1998, pp. 325 - 340.

续表

类型	变量	名称	说明
中介变量	TEA	高管团队注意力	年报中含关键词句子数/总句子
调节变量	TF	高管团队断裂带	高管团队断裂带强度
控制变量	SIZE	企业规模	资产总额自然对数
	E_AGE	企业年龄	企业上市时长
	PRO	盈利能力	总利润/总资产
	GROW	发展能力	总资产增长率

第三节 假设检验与实证结果分析

从理论角度来说,环境规制与绿色技术创新间并不存在直接关联,其相关性完全以高管团队环境注意力为中介,这一特征导致本书如图3-1所示的理论模型不符合一般的中介调节模型要求,因此为了验证前文所提出的假设,利用Hayes等人提出的条件过程模型对样本企业进行分析。

一 描述性统计分析和Pearson相关分析

表3-2中报告了主要研究变量的描述性统计分析结果,所有变量均经过标准化处理,其中绿色技术创新的均值为0.669,标准差为0.087,说明不同企业在绿色技术创新发展水平上有明显的差异。进一步测算不同地区的环境规制数据,也表现出显著的差别性特征。高管团队环境注意力和团队断裂带数据在差异性上的表现均符合进一步进行实证研究的基本要求。

表3-2同时还报告了变量间的相关分析结果,能够发现绿色技术创新与高管团队环境注意力间呈现正相关关系,高管团队环

境注意力与企业绿色技术创新间也呈现正向关系。除了控制变量中的企业年龄,被解释变量其他变量间均存在线性相关关系,这可能是由于数据所限,二者具体相关关系仍有待进一步检验。本书所使用的自变量间 Pearson 相关系数均未超过多重共线性问题发生的阈值,模型多重共线性问题不显著。

表3-2　　　　　变量的描述性统计分析与相关分析结果

变量	Mean	SD	GTI	ER	TEA	TF	SIZE	E_AGE	PRO	GROW
GTI	0.669	0.087	1							
ER	0.397	0.043	0.221*	1						
TEA	0.037	0.009	0.184*	0.074*	1					
TF	0.489	0.065	-0.037***	-0.023*	0.324**	1				
SIZE	0.786	0.953	0.138***	0.037**	0.454***	-0.084*	1			
E_AGE	0.637	0.236	0.043	-0.755	0.085*	0.034**	0.003*	1		
PRO	0.153	0.055	0.037**	0.047*	0.328**	-0.237**	0.032	0.246*	1	
GROW	0.587	0.023	0.641*	-0.382*	0.237*	0.487*	0.217*	0.037	0.294	1

注：***、** 和 * 分别表示 $p<0.001$，$p<0.01$，$p<0.05$。

二　环境规制对绿色技术创新的影响：条件过程分析

首先进行 Bootstrap 中介效应检验,使用 Hayes 条件过程模型中的 model 4(简单中介模型)对高管团队环境注意力对环境规制和企业绿色技术创新过程中的单纯中介效应进行检验,这一检验是在控制企业规模、年龄、盈利能力和发展能力的情况下进行的。检验结果如表3-3所示,在控制了相关变量后,发现环境规制对高管团队环境注意力有显著正向影响($\beta.=0.17$，$p<0.01$),将环境规制和高管团队环境注意力同时引入模型后,能够发现高管

团队注意力对企业绿色技术创新有显著正影响（$coeff=0.11$，$p<0.01$），但环境规制与企业绿色技术创新间并不存在显著线性影响（$coeff=0.05$，$p=0.13$），印证了本书提出的假设H3-1。进一步对中介效应进行Bootstrap检验，结果发现环境规制对企业绿色技术创新的影响路径中，高管团队环境注意力的中介作用指数为0.04（$p<0.01$），占总效应的25.4%，Bootstrap95%置信区间上下界均不包含0，说明高管团队环境注意力的中介作用显著，假设H3-2得到验证。

表3-3　　　　　　高管团队环境注意力的中介效应分析结果

变量	TEA			GTI		
	coeff	SE	p	coeff	SE	p
TEA				0.11	0.03	<0.01
ER	0.17	0.03	<0.01	0.05	0.02	0.13
SIZE	0.12	0.03	<0.01	0.08	0.02	<0.01
E_AGE	-0.27	0.02	<0.01	-0.15	0.02	<0.05
PRO	-0.04	0.03	0.45	0.22	0.02	<0.01
GROW	0.02	0.03	0.17	0.01	0.02	0.29
R^2	0.11			0.12		
F	8.76*			11.01*		

注：*表示$p<0.05$。

继而使用Hayes条件过程模型中的model 58（该模型假设调节变量对模型中介效应的前半段和后半段均有调节作用）对高管团队断裂带对环境规制与高管团队环境注意力之间关系、高管团队注意力和企业绿色技术创新关系的调节作用进行分析。在控制企业规模、年龄、盈利能力和发展能力的情况下,分析结果如表3-4所示,说明以企业绿色技术创新为因变量,高管团队断裂带和高管环境注意力的交互项作用显著($coeff = -0.06$,$p < 0.01$),即高管团队断裂带对环境规制与高管团队环境注意力之间关系具有显著的负向调节作用,Bootstrap95%置信区间上下界均不包含0,假设H3-3得到证实。同理,以高管团队环境注意力为因变量,高管团队断裂带和环境规制的交互项作用显著($coeff = -0.08$,$p < 0.01$),即高管团队断裂带对高管团队环境注意力与企业绿色技术创新之间的关系具有显著的负向调节作用,且调节强度高于对模型中介效应后半段的调节强度,Bootstrap95%置信区间上下界均不包含0,假设H3-4得到证实。

表3-4 不同高管团队断裂带强度下环境规制对企业绿色技术创新的影响

变量	TEA			GTI		
	coeff	SE	p	coeff	SE	p
TEA				0.08	0.03	<0.01
ER	0.14	0.02	<0.05	0.03	0.03	0.24
TF	0.18	0.03	<0.05	0.07	0.02	<0.05
TF × TEA				-0.06	0.02	<0.10
TF × ER	-0.08	0.03	<0.01			
SIZE	0.03	0.03	0.06	0.03	0.02	0.11
E_AGE	-0.16	0.02	<0.01	0.04	0.02	0.13
PRO	-0.03	0.03	0.45	-0.07	0.02	<0.01
GROW	0.32	0.03	<0.01	0.11	0.04	<0.01
R^2	0.12			0.36		
F	6.69*			13.00*		

注:*表示 $p < 0.05$。

依据上述分析，为了更直观地展示这一条件过程模型，区分不同高管团队断裂带强度水平对模型的影响，绘制调节效应示意图，如图3-2所示，能够看出，高管团队断裂带断裂强度的高低并不影响环境规制对高管团队环境注意力的影响方向（正向影响），但高管团队断裂带断裂强度较低时，环境规制与高管团队环境注意力的正向关系更强；反之，环境规制与高管团队环境注意力的正向关系则较弱。

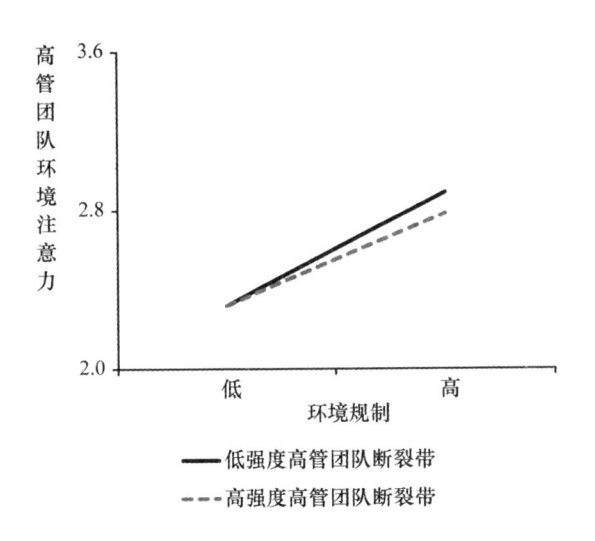

图3-2　高管团队断裂带对环境规制和高管团队环境注意力的调节效应

进一步绘制高管团队断裂带对高管团队注意力和企业绿色技术创新的调节效应示意图（见图3-3），同理能够发现，高管断裂带断裂强度的高低并不影响高管团队注意力和企业绿色技术创新的影响方向（正向影响），但高管团队断裂带断裂强度较低时，高管团队注意力和企业绿色技术创新的影响方向的正向关系更强；反之，环境规制与高管团队环境注意力的正向关系则较弱。

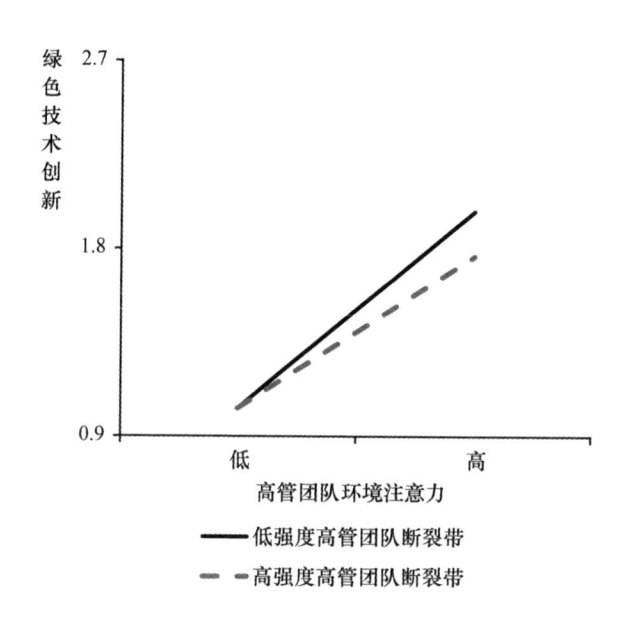

图 3-3 高管团队断裂带对高管团队环境注意力和绿色技术创新的调节效应

第四节 本章小结

本章探讨了环境规制对绿色技术创新的驱动效果，以及在这一过程中高管团队所起到的重要作用。第一，环境规制并非直接驱动企业的绿色技术创新效果，而是以高管团队环境注意力为中介产生的间接驱动效果，这与前人的研究结论有极大差异。利用条件过程模型，模拟环境规制对企业绿色技术创新的影响路径，发现无论是从理论或是实践上，其均不存在直接影响关系。通过进一步实证研究发现，环境规制对企业绿色技术创新的影响是通过高管团队环境注意力产生的，作为一种间接影响，任何强度的环境规制都无法越过高管团队直接改善企业绿色技术创新效果。这说明要提升企业绿色技术创新能力，一方面注重高管团队环境意识建设，增强企业社会责任感；另一方面也应适当注重政策柔性，采取易于被企业高管团队接受的政策策略。

第二，环境规制对绿色技术创新的驱动过程受到高管团队断裂带强度的负向调节。环境规制强度高，将提升高管团队环境注意力，但高强度的高管团队断裂带将削弱环境规制对其环境注意力的提升。同时，较高的高管团队环境注意力将提升企业绿色技术创新水平，而这一过程同样受到高管团队断裂带强度的负向调节。究其原因，主要在于断裂带强度高，将使高管团队注意力配置分散，无法聚焦于特定问题。而高管团队断裂带由高管团队成员固有的背景特征和成员结构所导致，往往难以改变。这就要求在制定绿色技术创新相关政策时，应对企业高管成员有明确的了解，政策应更倾向于扶持那些高管成员背景特征相似度高，高管团队断裂带强度低的企业，这些企业对政策的响应和反馈效果更好，绿色技术创新能力提升潜力也更大，合理的政策倾斜，将有利于区域绿色技术创新能力的快速提升。

本章的可能的贡献主要在于：第一，以全新的视角分析了环境规制对企业绿色技术创新的影响路径。当前对于绿色技术创新问题的研究并不十分多见，偶有的研究大多是对创新效果的评估，也有部分研究讨论了环境规制与绿色技术创新的关系，但均将这一关系默认为显著的线性或非线性关系进行分析。本书从企业高管团队入手，创新地梳理了环境规制对企业绿色技术创新的影响路径，并通过理论推演和实证检验确保了这一路径的科学合理性。

第二，对团队注意力配置的理论深化研究。团队注意力配置是当前研究的热点之一，但鲜有研究从团队断裂带角度入手寻找改变团队注意力配置分布的原因，本书利用条件过程模型，刻画了特定任务情境下高管团队断裂带对团队注意力的影响，不仅为未来注意力配置的研究提供了参考，也为团队断裂带理论提供了新的实践证据。

第四章　绿色金融与企业绿色技术创新的耦合性研究

改革开放以来，我国的经济发展取得了举世瞩目的成就，但传统粗放型经济发展方式带来了严重的环境污染问题，这与我国政府所秉持的"可持续发展"观念相悖，经济发展方式的转变已经势在必行。党的十八大报告中首次提出了"绿色发展"理念，其核心思想是发挥生态环境的优势，走高质量发展路线，这一提升绿色化水平的新发展理念成为我国建设可持续发展社会的重要引领思想。

企业作为社会经济发展的重要组成要素，既是污染排放的主体，也是绿色技术创新的主体，所以企业的绿色化发展程度是全社会绿色经济发展水平的重要代表。绿色技术创新作为企业绿色化进程中的核心推动力，分析其影响因素已经成为学术界多年研究的课题。当前，众多相关研究集中于探讨环境规制对绿色技术创新的影响效果，也有部分研究分析了绿色金融对绿色技术创新的推动作用，但尚无研究考察三者的协调作用机制。在振兴实体经济和推动可持续发展的背景下，绿色技术创新、绿色金融和环境规制是基于企业、政府和市场三个维度协同推进绿色进步的复合系统，讨论绿色技术创新、绿色金融和环境规制的耦合协调机理，分析我国各区域三者的协调发展情况，对增强系统的耦合协调性，发挥系统的协同效果，加快我国绿色发展进程有重要的理论及现实意义。

第一节　绿色技术创新与绿色金融的耦合协调性分析

发展绿色技术是建设绿色经济体系的基础和前提，这是由社会生产各个环节的相互作用关系决定的。在市场发展不完全、信息不对称的大环境下，大多数企业或多或少都存在融资约束问题，但是由于绿色技术创新行为的固有特征，融资约束对其的影响更为广泛且深刻。[①]

现代经济条件下，绿色技术创新系统和创新机制的形成必然离不开绿色金融的支持。[②] 有鉴于此，世界各主要经济体纷纷成立专门性的绿色技术创新相关金融机构，如2008年欧盟成立的全球能效和可再生能源基金（The Global Energy Efficiency and Renewable Energy Fund，GEEREF）和英国的绿色投资银行（The UK GreenInvestment Bank，GIB）等，这些机构均用以解决基础设施融资中市场缺失的问题。

绿色金融业务的出现可以满足企业在绿色技术创新活动中对资

[①] 杨国忠、席雨婷：《企业绿色技术创新活动的融资约束实证研究》，《工业技术经济》2019年第11期。
[②] 郭滕达、魏世杰、李希义：《构建市场导向的绿色技术创新体系：问题与建议》，《自然辩证法研究》2019年第7期。

金方面的需求，并通过金融市场分散绿色技术创新给企业带来的创新风险。绿色金融体系的建立还有助于区域内的环境信息公开，让投资者发现具有投资价值的绿色企业，引导金融市场资金从"两高"企业流向节能环保企业，迫使高污染企业开展绿色技术创新活动降低污染排放以重新获得金融机构资金支持。

2016年，我国七部委联合下发了《关于建立绿色金融体系的指导意见》，为尽快建立统一明确、与国际接轨的绿色金融标准体系打下了基础。2019年，《绿色产业指导目录（2019年）》的发布，进一步推动了国内绿色金融标准的科学化、标准化建设。当前，我国的绿色金融在各方推动下始终呈现快速发展趋势，且已成为全球首个建立了比较完整的绿色金融政策体系的经济体。

于我国绿色技术创新体系建设而言，绿色金融是实现市场导向型绿色技术创新的重要一环，是绿色技术创新体系的"血液"，如果没有绿色金融注入，绿色产业和绿色技术都难以发展。[①] 绿色金融的发展体现了绿色技术创新的市场导向原则，绿色金融部门市场导向的核心在于尊重市场配置资源的基本要求。[②] 2019年，中国共产党第十九届中央委员会第四次全体会议指出，要"实行最严格的生态环境保护制度，完善绿色生产和消费的法律制度和政策导向，发展绿色金融，推进市场导向的绿色技术创新，更加自觉地推动绿色循环低碳发展"。明确了绿色金融在构建市场导向型绿色技术创新体系中的重要作用。绿色金融贯穿且耦合于制度驱动和市场驱动中，高水平的绿色金融发展为企业绿色技术创新活动提供了根基，而企业绿色技术创新能力的提升又进一步增强了区

[①] 余丹：《绿色技术离不开绿色金融的有效支撑》，《人民论坛》2018年第18期。
[②] 李志青：《绿色金融的重心是推动绿色发展》，《长江日报》2017年9月18日第12版。

域经济的可持续发展能力,二者相辅相成,存在和谐共生的耦合发展关系。

第二节 融入环境规制的耦合协调性机理分析

一 绿色技术创新与环境规制的耦合协调性分析

环境规制为绿色金融提供了政策指引,绿色金融提升了环境相关政策的实施效果,二者间的耦合协调效应极大地优化了绿色技术市场的资源配置,这主要表现在环境规制在绿色金融发展中的作用上,如限制对特定行业产业的金融支持、实行差异化信贷监管标准以及将银行绿色信贷表现纳入宏观审慎评估框架等。[①] 当前我国绿色金融业务涵盖范围非常广泛,但受制于各种主客观因素,绿色金融产品以绿色信贷、绿色证券和绿色投资为主。与绿色证券和绿色投资相比,绿色信贷与环境规制的耦合性更强,主要包含三方面的内涵:一是通过信贷方式投资节能环保项目;二是限制"两高一剩"贷款的额度;三是通过信贷的手段提示企业防范风险主动承担社会责任。[②]

我国的绿色金融发展中仍然存在明显的资源配置效率低下的问题。首先,让以经济效益为主的传统金融机构去经营注重环境发展的绿色金融业务是互相矛盾的,环境收益的滞后性和不确定性使得传统金融机构缺乏推广绿色金融产品的积极性,但是建设专

[①] 姜再勇、魏长江:《政府在绿色金融发展中的作用、方式与效率》,《兰州大学学报》(社会科学版) 2017 年第 6 期。
[②] 武力超、陈若琪、陈曦、林澜:《绿色信贷对地区绿色技术创新的影响研究——基于城市商业银行的实证分析》,《环渤海经济瞭望》2019 年第 9 期。

门的绿色金融机构又缺乏资金支持和市场引导，需要政府从市场的角度进行调节。市场型环境规制是指政府利用市场机理为基础，通过市场信号引导企业进行节能减排行为，并加大对绿色财政的拨款和补贴的绿色政策。在市场型环境规制的作用下，不仅能让绿色金融机构发展获得财政支持，还可以刺激更多的企业参与绿色环保投资，从绿色金融供给端和需求端双管齐下解决金融机构绿色化程度较低的问题。

其次，由于对招标企业信贷配给存在信息不对称的问题，金融机构有时无法正确分辨贷款项目是否绿色化，出现"漂绿"现象。另外，金融机构也无法亲自监督企业资金流向，有的企业可能会将绿色资金利用在高收益污染项目中[①]，那么绿色资金反而帮助了环境污染的加剧。在这种情况下，环境信息披露型环境规制的作用就得以体现。环境信息披露型环境规制可以让金融机构更全面地了解贷款企业的项目是否绿色化，而命令型环境规制能够强制企业达到规定的环境标准或者采用规范的绿色生产技术，从而解决了贷款资金流向污染项目的问题。绿色金融资源配置效率的提升会加快区域绿色发展水平的提高，一成不变的环境规制政策无法满足不断改变的区域环境保护需求，政府需要不断完善和改进环境规制，使得环境规制能够时刻起到促进和监督区域绿色化发展的作用。

二 环境规制与绿色金融的耦合协调性分析

环境规制的建立为绿色金融发展提供了政策引导。目前绿色金融发展存在资源配置效率低下的问题：首先，在绿色金融业务推

---

① 王凤荣、王康仕：《"绿色"政策与绿色金融配置效率——基于中国制造业上市公司的实证研究》，《财经科学》2018年第5期。

广方面，环境收益的滞后性和不确定性使得金融机构缺乏资金支持和市场引导，导致金融机构降低推广绿色金融产品的积极性，转型动力不足；其次，在绿色信贷配给过程中存在信息不对称的问题，金融机构无法正确分辨贷款项目是否绿色化，从而出现"漂绿"现象[①]；最后，金融机构也无法亲自监督企业资金流向，有的企业可能会将绿色资金利用在高收益污染项目中，那么绿色资金反而帮助了环境污染的加剧，种种问题都需要从政府角度进行调节。环境规制作为政府治理生态环境的绿色政策之一，包括市场型环境规制、环境披露型环境规制和命令型环境规制。市场型环境规制中含有各类绿色发展补贴政策，不仅让绿色金融机构获得更多的财政补贴支持，还能刺激更多企业参与绿色环保投资，从绿色金融供给端和需求端合力解决金融机构绿色化程度较低的问题；环境信息披露型环境规制则能帮助绿色金融机构更全面地了解贷款企业的项目是否绿色化；而命令型环境规制可以强制企业达到规定的环境标准或者采用规范的绿色生产技术，从而解决了机构贷款资金流向污染项目的问题。

绿色金融的兴起可以提升环境相关政策的事实效果。首先，绿色金融资源配置效率的提升会加快区域绿色发展水平的提高，高污染产业资本减少反向流向绿色环保产业，迫使高污染产业革新生产技术减少污染排放，从而达到和环境规制同样的政策效果；其次，一成不变的环境规制无法满足不断改变的区域环境保护需求，政府需要不断完善和改进环境规制，使得环境规制能够时刻起到促进和监督区域绿色化发展的作用。

[①] 刘宏海、魏红刚：《绿色金融：问题和建议——以京津冀协同发展为案例》，《银行家》2016年第12期。

第三节 绿色技术创新—绿色金融—环境规制系统的耦合协调性分析

两个或两个以上的子系统通过运动产生相互作用和影响的现象即为耦合。在耦合现象中，各子系统在互相联合作用所产生的整体效应下，形成一个相互依赖并相互促进的复合系统。无论是从影响强度还是工作效率角度来说，复合系统的水平都要远超子系统单独运作，即复合系统的耦合协调效应。基于以上分析，本书将绿色技术创新（G）、绿色金融（G）和环境规制（E）三系统整合为复合系统，三者之间的耦合协调机理如图4-1所示。

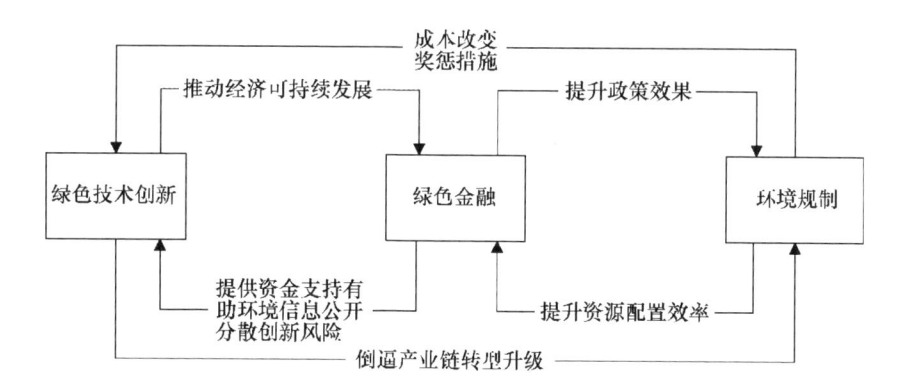

图4-1 绿色技术创新—绿色金融—环境规制（GGE）的耦合协调机理

在绿色技术创新—绿色金融—环境规制（GGE）的耦合协调系统中，一方面，绿色金融耦合于环境规制，不仅提升了环境规制的政策效果，同时还提高了绿色金融资源的配置效率；另一方面，绿色金融与绿色技术创新之间的耦合协调关系通过增加资金支持、助力环境信息公开以及分散企业创新风险，推动了区域经济的可持续发展。此外，环境规制与绿色技术创新之间的耦合协调性通过对企业成本的转变和奖惩措施的实施，实现了区域产业链的绿色化升级，为区域经济的可持续发展提供了基础和动力。

第四节 绿色技术创新—绿色金融—环境规制系统的耦合协调性测度模型设计

一 指标体系构建

为了更好地对我国各区域 GGE 系统的耦合协调水平进行测度，在遵循数据的科学性、准确性和可靠性的原则下，参考相关学者的研究成果，构建了绿色技术创新—绿色金融—环境规制（GGE）综合发展指标体系，体系中共含有绿色技术创新、绿色金融和环境规制三个子系统，其中绿色技术创新子系统包括创新投入、创新产出和企业经济效益三个准则层；绿色金融子系统包括产业规模、产业效率两个准则层；环境规制子系统包括规制成本和控制成效两个准则层，各准则层又包含了共 23 个衡量指标。具体指标如表 4-1 所示。

其中，在绿色金融指标方面，金融业投入产出比为金融产业增加值与金融产业固定资产投资完成额的比值，环境污染环保投资占比为环境污染投资额与 GDP 的比值，地区节能环保支出占比为节能环保财政支出占财政支出总额的比值，环保产业市值占比为环保企业 A 股市值与 A 股总市值之比；在环境规制指标方面，单位工业增加值工业用水量和单位工业增加值工业二氧化硫排放量分别为工业用水量和工业二氧化硫排放量与工业增加值的比值。

表4-1 绿色技术创新—绿色金融—环境规制（GGE）综合发展指标体系

目标层	子系统	准则层	指标层	单位	指标属性
绿色技术创新—绿色金融—环境规制（GGE）综合发展水平	绿色技术创新A	创新投入	R&D人员数 A1	人	+
			R&D人员全时当量 A2	人年	+
			R&D项目数 A3	项	+
			R&D经费内部支出 A4	万元	+
		创新产出	新产品销售收入 A5	万元	+
			专利申请数 A6	件	+
		企业经济效益	总资产贡献率 A7	%	+
			资产负债率 A8	%	+
			成本费用利润率 A9	%	+
	绿色金融B	产业规模	金融业投入产出比 B1	%	+
			金融机构年末各项存款余额 B2	亿元	+
			金融机构年末各项贷款余额 B3	亿元	+
		产业效率	环境污染环保投资占比 B4	%	+
			地区节能环保支出占比 B5	%	+
			绿色信贷（环保产业市值占比）B6	%	+
	环境规制C	规制成本	工业污染治理完成投资 C1	亿元	+
			生活垃圾无害化处理厂数 C2	座	+
			污水处理厂数 C3	座	+
		控制成效	生活垃圾无害化处理率 C4	%	+
			污水处理厂集中处理率 C5	%	+
			烟（粉）尘排放量 C6	万t	—
			单位工业增加值工业用水量 C7	$t \cdot 亿元^{-1}$	—
			单位工业增加值工业二氧化硫排放量 C8	$t \cdot 亿元^{-1}$	—

二 数据来源

研究样本来自 2008—2018 年我国 30 个省级单位的面板数据（不包含西藏及港澳台地区）。所用数据均来源于 2009—2019 年的《中国统计年鉴》《中国科技统计年鉴》《中国金融统计年鉴》《中国环境统计年鉴》、各省份统计年鉴、中国人民银行网站、wind 数据库及相关企业年报，缺失数据通过线性插值法补充。

三 综合评价水平计算

在确定指标体系的基础上，对绿色技术创新、绿色金融和环境规制三系统的综合发展水平进行计算。由于各指标的量纲不同，因此在数据分析之前，通过极差法对初始数据进行标准化处理，以消除量纲的影响。标准化计算方法为：

$$X'_{ij} = \begin{cases} \dfrac{X_{ij} - \min X_{ij}}{\max X_{ij} - \min X_{ij}} \times 0.99 + 0.01; & 正向指标 \\ \dfrac{\max X_{ij} - X_{ij}}{\max X_{ij} - \min X_{ij}} \times 0.99 + 0.01; & 负向指标 \end{cases}$$

其中，X_{ij} 表示第 j 个省市的第 i 个指标的初始数据；X'_{ij} 表示第 j 个省市的第 i 个指标标准化后的数据；$\max X_{ij}$ 表示第 i 个指标的最大值；$\min X_{ij}$ 表示第 i 个指标的最小值。

继而确定指标权重。为了保证研究的客观性，本书选用熵值法来确定三个系统各项指标的权重。

首先，计算第 j 个省市的第 i 个指标的比重：

$$Y_{ij} = \dfrac{X'_{ij}}{\sum_{j=1}^{m} X'_{ij}}$$

其中，Y_{ij} 表示第 j 个省市的第 i 个指标占当年各省市该指标之和的比重。

其次，计算该指标的熵值 e_i，令：

$$e_i = -k \sum_{j=1}^{m} Y_{ij} \times \ln Y_{ij}$$

其中，$k = \dfrac{1}{\ln m}$，m 为样本容量。而后计算该指标的差异性系数 d_i（$d_i = 1 - e_i$），其中，差异性系数值越大，则代表该指标在其系统的综合评价中影响力越大。基于以上分析确定指标权重 w_i，此时 $w_i = \dfrac{d_i}{\sum\limits_{i=1}^{n} d_i}$。

最后，计算各省市每个系统的综合得分 $U_{Nj} = \sum\limits_{i=1}^{n} w_i \cdot X'_{ij}$。其中，$U_N$ 表示各子系统（U_1 为绿色技术创新，U_2 为绿色金融，U_3 为环境规制）的综合发展评价值。

四 耦合协调度模型

根据物理学中容量耦合概念及容量系统模型，可推广到多系统相互作用的耦合度模型[1]：

$$C(U_1, U_2, \cdots, U_n) = n \times \left[\frac{U_1 U_2 \cdots U_n}{(U_1 + U_2 + \cdots + U_n)^n} \right]^{\frac{1}{n}}$$

由此可以得到绿色技术创新—绿色金融—环境规制三系统耦合度模型：

---

[1] 陈清、张梓瑞、谢义平、唐承林：《基于熵—耦合模型的区域经济、社会环境与体育产业的协调度研究》，《武汉体育学院学报》2018 年第 7 期。

$$C = 3 \times \left[\frac{U_1 U_2 U_3}{(U_1 + U_2 + U_3)^3} \right]^{\frac{1}{3}}$$

尽管耦合度模型可以反映多个系统之间的相互作用程度，但是却无法判断复合系统是在什么环境下发展的，可能会出现三系统的综合水平都较低，即整体处于较差的协调环境中，但其耦合度反而较高的情况。耦合协调度是指各系统之间良性作用的程度，是判断整体发展水平的重要指标。因此，为了更准确地了解 GGE 系统的协调发展状态，需要引入耦合协调度模型：

$$D = \sqrt{C \times T}$$

此处 $T = \alpha U_1 + \beta U_2 + \gamma U_3$，$D$ 表示复合系统的耦合协调度，T 表示各系统的综合协调指数，可以反映出它们对整体协调发展的贡献程度；α、β 和 γ 为各系统的权系数，考虑到绿色技术创新、绿色金融和环境规制对整体发展有着同等重要的影响，因此 $\alpha = \beta = \gamma = 1/3$。耦合协调度 D 的取值范围处于 0—1 区间内，依据过往相关研究[①]，对耦合协调度的基本划分如表 4-2 所示。

表 4-2　　　　　　　耦合协调度划分标准

耦合协调度 D	耦合协调等级	区间	分类
[0, 0.1)	极度失调（1级）		
[0.1, 0.2)	严重失调（2级）	0≤D<0.4	失调衰落
[0.2, 0.3)	中度失调（3级）		
[0.3, 0.4)	轻度失调（4级）		

---

① 周京奎、王文波、张彦彦：《"产业—交通—环境"耦合协调发展的时空演变——以京津冀城市群为例》，《华东师范大学学报》（哲学社会科学版）2019 年第 5 期。

续表

耦合协调度 D	耦合协调等级	区间	分类
[0.4, 0.5)	濒临失调（5级）	0.4≤D<0.6	中间过渡
[0.5, 0.6)	勉强协调（6级）		
[0.6, 0.7)	初级协调（7级）	0.6≤D≤1	协调提升
[0.7, 0.8)	中级协调（8级）		
[0.8, 0.9)	良好协调（9级）		
[0.9, 1]	优质协调（10级）		

第五节 绿色技术创新—绿色金融—环境规制系统的耦合协调性测度结果分析

一 权重测度

绿色技术创新—绿色金融—环境规制（GGE）系统中全部指标权重的确定利用熵值法进行，各指标权重及样本期内的均值结果如表4-3所示。从表中能够看出，就绿色技术创新各指标权重平均值而言，创新投入（均值=0.553）在GGE系统中的"重要性"要大于创新产出（均值=0.323）和企业经济效益（均值=0.124）；就环境规制而言，规制成本（均值=0.644）所占权重也远超规制控制成效所占的权重（均值=0.356）。这些差异有利于后续研究的开展，也说明在关注GGE系统耦合协调性问题时必须同时关注子系统内部的差异。相较而言，绿色金融行业发展规模（均值=0.506）和绿色金融行业发展效率（均值=0.494）权重差距较小，说明当前我国各区域绿色金融发展程度相似且发展水平接近。

表4-3　　　　　　　　GGE系统各指标权重

	绿色技术创新								
	A1	A2	A3	A4	A5	A6	A7	A8	A9
均值	0.134	0.144	0.137	0.139	0.147	0.176	0.039	0.036	0.049
	绿色金融								
	B1		B2		B3		B4	B5	B6
均值	0.221		0.145		0.14		0.097	0.072	0.325
	环境规制								
	C1	C2	C3		C4	C5	C6	C7	C8
均值	0.236	0.186	0.222		0.062	0.072	0.065	0.102	0.055

二　绿色技术创新、绿色金融与环境规制综合水平测度分析

通过综合评价水平测度法测算得到2008—2018年全国30个省份的绿色技术创新绩效、绿色金融发展和环境规制强度的综合评价值，并根据国家统计局对我国经济区域所划分的四大地区（东部地区、东北地区、中部地区和西部地区）对30个省份进行分类，计算各地区各系统发展水平均值，其结果如图4-2至图4-4所示。

（一）绿色技术创新

从图4-2可以看出，在绿色技术创新绩效方面，东部地区发展水平远超其他三个地区，综合评价均值稳定在0.35以上。通过具体数据结果能够发现，广东省和江苏省这两个科技发展先头省份对东部地区整体水平的拉动性较强，丰富的科技资源环境使得两个省份的绿色技术创新发展评价值常年稳定在0.7以上，在全国范围都遥遥领先。

除了东部地区，中部地区的综合发展均值基本稳定在0.2左

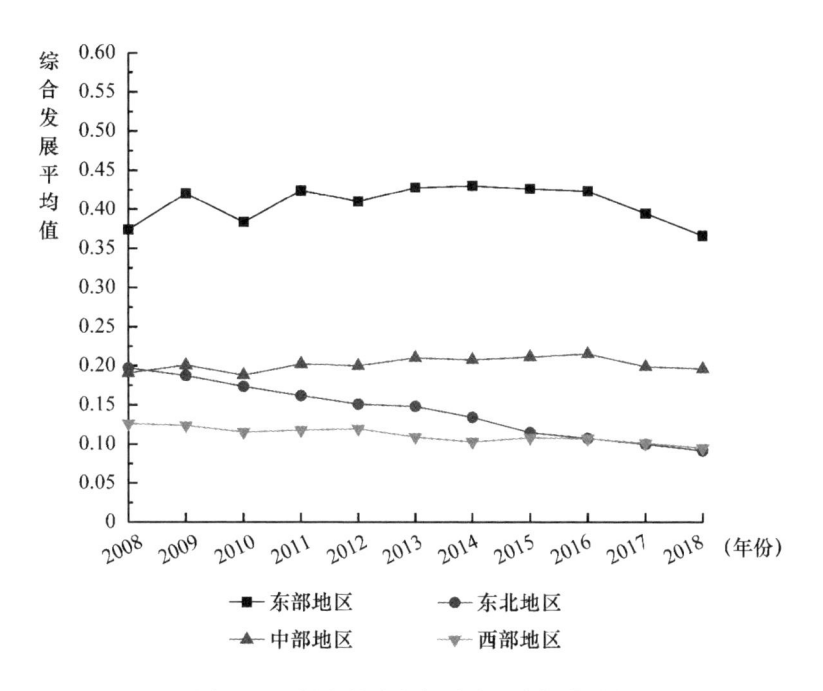

图 4-2 绿色技术创新绩效综合评价均值

右,是 2008—2018 年唯一呈现上升态势的地区,但上升幅度很小,只有 2.7%;西部地区常年在绿色技术创新发展上处于落后地位,其均值处于 0.1—0.15;而拥有重工业发展基础的东北地区是样本区内降幅最大的区域,2008—2018 年其均值下降了 53.6%。究其原因,科技投入不足和产业转型缓慢是近年来影响东北三省绿色技术发展的关键因素。

(二) 绿色金融

图 4-3 展示了各地区绿色金融在样本期内的发展状况。从图中能够看出,虽然东部地区绿色金融发展情况要优于其他三个地区,但是在 2010 年以后,其绿色金融发展水平仅在 2014—2015 年出现较大幅度的提升,随后再次表现出长时间的发展倒退趋势,

导致2008—2018年东部地区绿色金融发展水平整体呈现下滑的状态，下降幅度达到了12.7%。

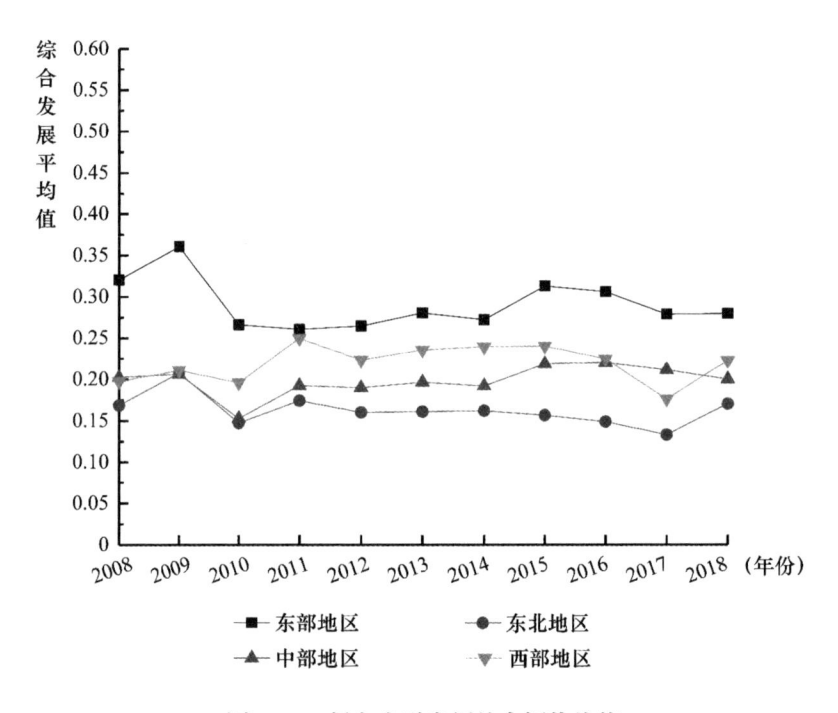

图4-3 绿色金融发展综合评价均值

在其他三个地区中，中部地区和东北地区在样本期初绿色金融发展水平变化规律相似且综合评价值基本一致，都呈现出先上升后下降再上升的发展状态，但都次于西部地区。但2011—2017年，中部地区继续保持平稳上升的变化趋势，而东北地区和西部地区则先后出现明显的下降趋势，下降幅度分别达到23.6%和29.5%。尽管2017—2018年东北地区和西部地区绿色金融水平提升明显，但不可否认的是，2008—2018年我国绿色金融整体呈现了停滞不前的发展状态。

(三) 环境规制

从图 4-4 可以看出，在环境规制强度方面，尽管东北地区起步较差，但是在这几年的波动性发展趋势下整体提升明显，上升幅度达到了 13.2%，说明东北三省环境规制与当地绿色发展逐渐贴合；而西部地区和起初发展较好的东部地区环境规制强度都有所下滑，其下降幅度分别为 4.2% 和 8.4%；中部地区整体提升了 6.7%，相比较绿色技术创新和绿色金融，2008—2018 年我国四大地区环境规制强度把控到位，更有助于推动地方绿色发展。

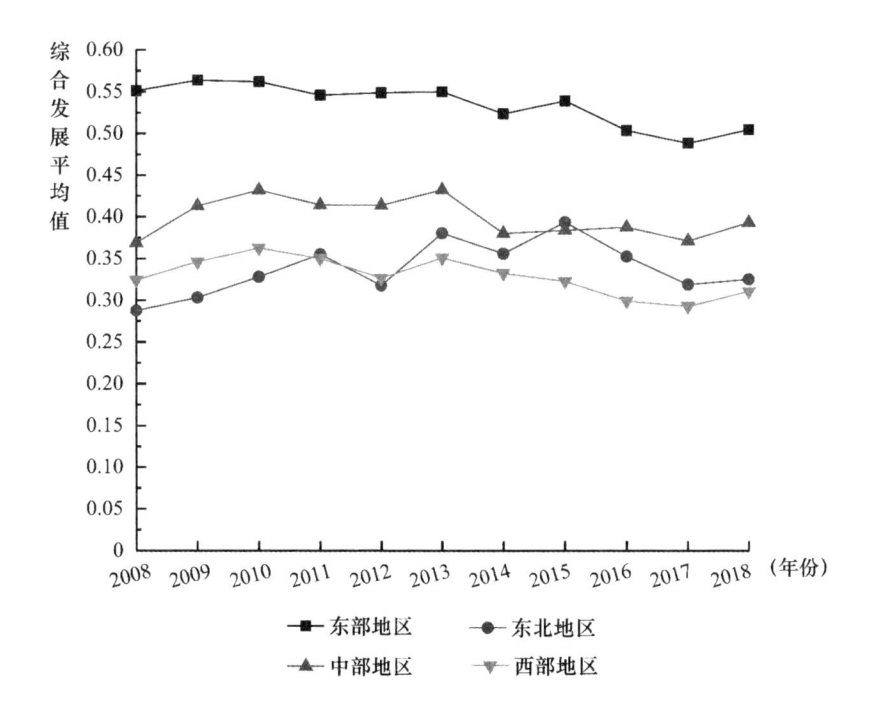

图 4-4　环境规制强度综合评价均值

从全国各地区分系统的综合发展均值变化中可以看出，我国绿色技术创新和绿色金融发展较为滞后，除了东部地区以外，其他地区的发展水平均值基本在 0.1—0.25。分地区而言，东部地区在三个系统发展中均处于领先地位，其原因主要是东部地区省市大部分位于"京津冀"和"长三角"这两个重要经济区域，但东部地区近年来三系统发展有明显的倒退趋势。

中部地区则中规中矩，在各系统评价中基本都仅次于东部地区，但是二者的差距较大，想要在未来的发展中追赶东部地区，中部地区需要在各方面发展中吸收东部地区的经验，精益求精；东北地区和西部地区发展水平较差，特别是东北地区，在三系统评价中经常处于落后地位。

三 耦合协调度测算及时空演变分析

通过耦合协调模型测算得到 2008—2018 年我国及 30 个省份的 GGE 系统耦合协调度和样本期内的平均值，并根据表 4 – 3 划分均值所对应的协调发展水平，结果如表 4 – 4 所示。

（一）总体分析

表 4 – 4 报告了 2008—2018 年全国及 30 个省份 GGE 系统耦合协调水平的具体情况。从全国变化角度来看，2008—2018 年我国 GGE 系统耦合协调度在 0.5—0.55 小幅波动，尽管能够常年稳定在勉强协调的中等过渡发展水平，但是却存在长期发展停滞不前的问题。从各区域变化角度来看，相比较 2008 年，2018 年有 10 个省份的 GGE 系统耦合协调度提升明显，其中上升幅度最多的三个区域分别为海南省、贵州省和甘肃省，三个省份的变化率分别为 16.9%、11.7% 和 10.5%；8 个省份耦合协调度变化幅度在 5% 以内，变化不显著；而其他 12 个省份耦合协调水平下降较为严重，其中下降幅度最多的三个区域分别为青海省、天津市和北京市，变

表4-4　2008—2018年我国GGE系统耦合协调度

年份 地区	2008	2009	2010	2011	2012	2013	2014	2015	2016	2017	2018	mean	耦合协调等级
北京	0.582	0.606	0.537	0.541	0.541	0.553	0.560	0.555	0.550	0.531	0.506	0.551	6级
天津	0.645	0.643	0.579	0.558	0.570	0.586	0.580	0.594	0.573	0.528	0.517	0.579	6级
河北	0.501	0.510	0.511	0.534	0.507	0.522	0.536	0.550	0.518	0.516	0.497	0.518	6级
山西	0.550	0.517	0.494	0.528	0.521	0.502	0.493	0.478	0.466	0.513	0.495	0.505	6级
内蒙古	0.437	0.450	0.434	0.481	0.447	0.461	0.450	0.461	0.439	0.424	0.414	0.445	5级
辽宁	0.493	0.505	0.498	0.509	0.500	0.496	0.476	0.471	0.449	0.438	0.462	0.482	5级
吉林	0.380	0.396	0.392	0.409	0.383	0.389	0.401	0.399	0.383	0.333	0.345	0.383	4级
黑龙江	0.485	0.502	0.450	0.463	0.435	0.464	0.433	0.432	0.414	0.407	0.407	0.445	5级
上海	0.580	0.610	0.566	0.552	0.533	0.544	0.541	0.556	0.573	0.532	0.550	0.558	6级
江苏	0.786	0.800	0.736	0.768	0.761	0.778	0.750	0.787	0.764	0.711	0.715	0.760	8级
浙江	0.725	0.776	0.687	0.721	0.703	0.734	0.718	0.745	0.732	0.695	0.706	0.722	8级
安徽	0.458	0.465	0.459	0.502	0.504	0.538	0.493	0.514	0.505	0.487	0.492	0.492	5级
福建	0.485	0.537	0.489	0.499	0.500	0.523	0.499	0.527	0.513	0.494	0.501	0.506	6级
江西	0.434	0.456	0.412	0.434	0.431	0.439	0.414	0.435	0.480	0.461	0.479	0.443	5级
山东	0.713	0.717	0.709	0.715	0.708	0.721	0.699	0.695	0.693	0.674	0.646	0.699	7级
河南	0.532	0.534	0.503	0.522	0.515	0.550	0.538	0.566	0.556	0.535	0.526	0.534	6级

续表

年份 地区	2008	2009	2010	2011	2012	2013	2014	2015	2016	2017	2018	mean	耦合协调等级
湖北	0.503	0.542	0.507	0.497	0.487	0.498	0.496	0.509	0.535	0.485	0.502	0.506	6级
湖南	0.426	0.474	0.476	0.471	0.486	0.491	0.476	0.511	0.475	0.442	0.440	0.470	5级
广东	0.727	0.789	0.825	0.789	0.785	0.799	0.779	0.800	0.794	0.789	0.795	0.788	8级
广西	0.376	0.411	0.402	0.403	0.393	0.391	0.369	0.458	0.445	0.401	0.404	0.405	5级
海南	0.295	0.389	0.313	0.340	0.394	0.311	0.332	0.360	0.338	0.352	0.345	0.343	4级
重庆	0.529	0.522	0.575	0.586	0.578	0.567	0.570	0.552	0.545	0.515	0.561	0.554	6级
四川	0.525	0.523	0.481	0.487	0.493	0.513	0.521	0.534	0.533	0.504	0.495	0.510	6级
贵州	0.396	0.403	0.382	0.461	0.432	0.434	0.426	0.421	0.395	0.376	0.400	0.412	5级
云南	0.412	0.443	0.435	0.437	0.436	0.429	0.409	0.431	0.408	0.383	0.395	0.420	5级
陕西	0.511	0.546	0.527	0.524	0.489	0.499	0.479	0.498	0.481	0.461	0.465	0.498	5级
甘肃	0.357	0.428	0.387	0.378	0.382	0.383	0.373	0.369	0.364	0.361	0.395	0.380	4级
青海	0.408	0.375	0.353	0.429	0.363	0.359	0.376	0.384	0.343	0.336	0.292	0.365	4级
宁夏	0.416	0.371	0.408	0.383	0.384	0.380	0.364	0.379	0.401	0.353	0.419	0.387	4级
新疆	0.415	0.437	0.396	0.429	0.434	0.449	0.448	0.394	0.380	0.380	0.368	0.412	5级
全国	0.529	0.548	0.523	0.538	0.529	0.539	0.531	0.539	0.530	0.509	0.515	0.530	6级

化率分别为 -28.4%、-19.8% 和 -13.0%。结合 GGE 综合水平测度结果分析发现，海南省和甘肃省协调水平的变化源于其绿色金融发展的提升，而贵州省则主要依靠对环境规制强度与规制效果的改善提升了 GGE 系统整体的耦合协调水平。相比较协调水平提升的区域，北京市、天津市和青海市 GGE 系统耦合协调水平的明显下降则是因为三个系统发展均出现了不同程度的衰退，其中绿色技术创新发展水平的降低影响更为显著。

图 4-5 能够更好地体现 2008—2018 年 30 个省份 GGE 系统之间耦合协调水平的差异性。从图中可以看出，我国有 21 个省份的

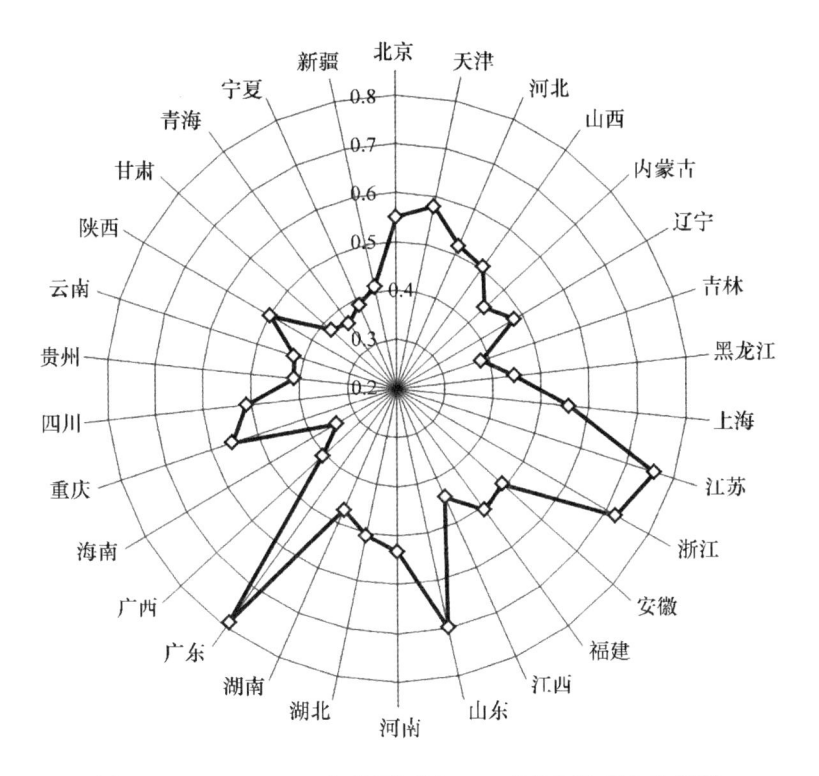

图 4-5 2008—2018 年我国区域 GGE 系统平均耦合协调值

GGE系统耦合协调均值在0.4—0.6，处于濒临失调和勉强协调的中间过渡发展状态中，还有5个省份的均值保持在失调衰落区间，说明样本期内全国大部分区域的GGE系统并没有达到理想的耦合协调发展水平。

(二) 分地区耦合协调水平分析

1. 东部地区

图4-6展现了2008—2018年东部地区各省份GGE系统的耦合协调水平变化趋势。通过图中能够明显看出，东部地区内部区域差异分化十分明显，其耦合协调水平大致可以归为三类。

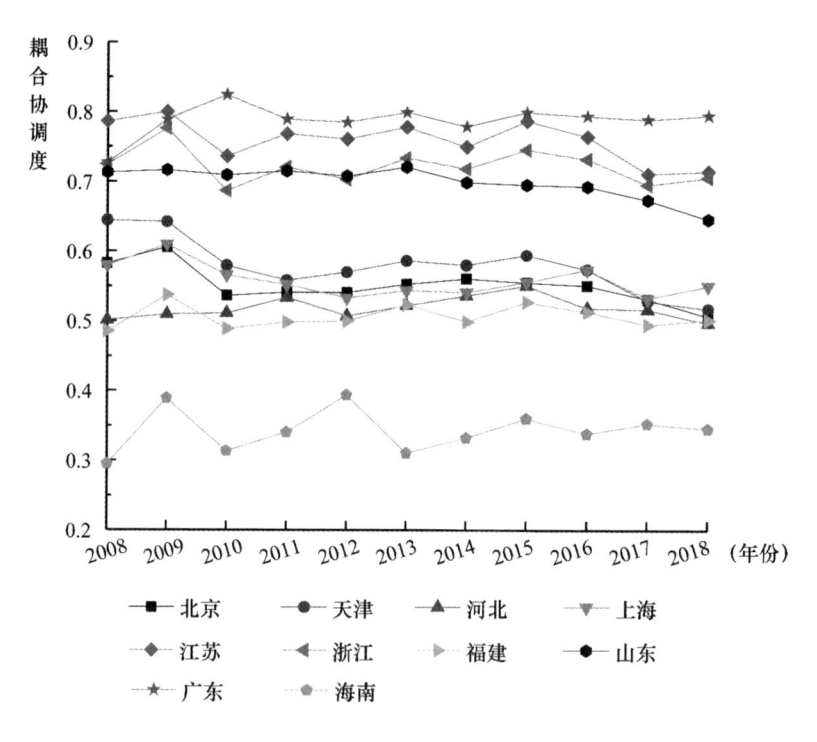

图4-6 东部地区各区域GGE系统耦合协调水平

第一类为高耦合协调区域，包括广东省、江苏省、浙江省和山东省，这些省份的耦合协调度处于0.7—0.85，稳定在中级协调的良性耦合状态，各系统之间的协调发展能力极高。高耦合协调性的原因在于这些省份丰富的资源优势使得其在科技和金融产业发展中要素供给充沛，早期的高速经济发展使得这些区域相较其他地区更早地发现了经济发展所带来的环境污染和破坏问题，环境规制的实施和规制水平均领先于其他省市，绿色金融与其有高度的耦合性，因而GGE系统的发展水平十分均衡。

第二类为中等耦合区域，包括天津市、上海市、北京市、河北省和福建省，这些省市的耦合协调度处于0.5—0.65，属于勉强协调和初级协调发展阶段，协调发展能力在中等偏上水平，值得一提的是这些区域在样本期初耦合协调水平差异较大，但是到了2011年，五个省份之间的差距逐渐缩小，均保持在0.5—0.6，河北省和福建省的协调水平在这期间稳定上升，但是速度较缓慢，而天津市、上海市和北京市均呈现不同程度的下降趋势，其中天津市下降幅度达到了19.8%，是东部地区退步最为严重的区域。通过分析三个直辖市各系统发展变化发现，其耦合协调水平降低可能与区域创新投入减少所导致的绿色技术创新发展水平下降有关。

第三类是低耦合区域，仅包括海南省，海南省的耦合协调度始终呈现波动性发展趋势，2013年后才开始逐渐上升。到2018年为止，海南省的GGE系统耦合协调水平提升幅度达到了16.9%，在东部地区排名第一。尽管如此，海南省的耦合协调度仍然只是维持在0.35附近，处于轻度失调的发展状态。海南省在各种资源供给和资源配置方面都不及前两类省市，因此各系统的综合发展水平以及整体的协调水平要相对落后。

2. 东北地区

图4-7展现了2008—2018年东北地区各省份GGE系统的耦合协调水平变化趋势。其中,辽宁省和吉林省的耦合协调度处于0.4—0.5,属于濒临失调状态;而黑龙江省的耦合协调度基本保持在0.35—0.4,属于轻度失调状态。可以看出,东北地区三个省份的GGE系统发展情况较差。

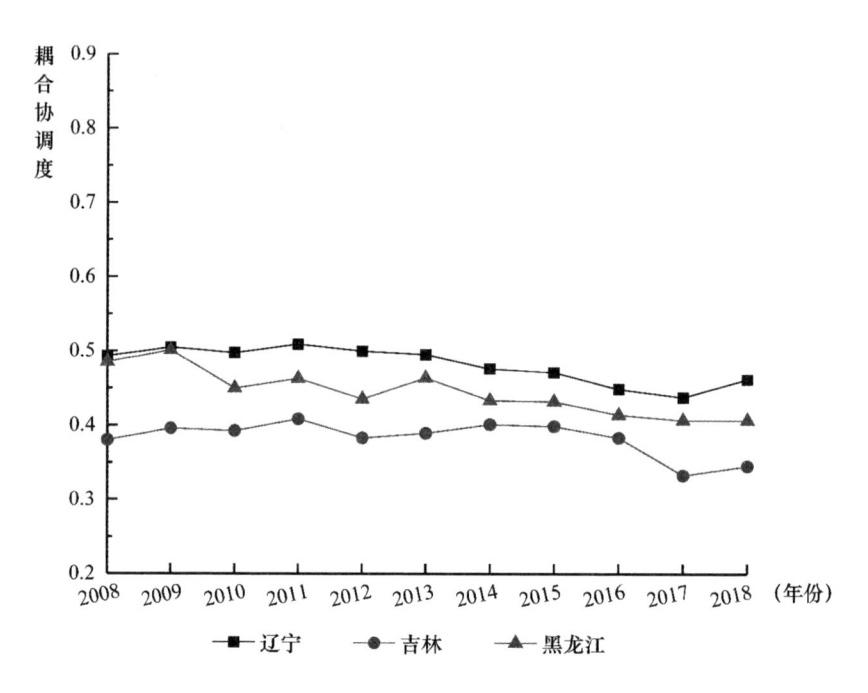

图4-7 东北地区各区域GGE系统耦合协调水平

从三个省份的GGE系统耦合协调度时序变化角度来看,均出现了不同程度的协调水平下滑现象。通过比较2008年和2018年三个省份各系统的综合发展水平发现,三个省份的绿色技术创新发展水平衰退严重,辽宁省和吉林省的下降幅度达到了38.1%和

32.8%，黑龙江省更是达到了75.6%。其原因在于，近年来，东北三省创新投资的减少以及科技人才流失，最终导致创新产出水平提升不明显甚至出现了下降的现象。此外，东北三省一度以重工业发展为优势，由此引发的环境污染问题与国内其他地区相比更为严峻，在国家"振兴东北"计划提出后，东北三省逐步开始产业转型，并制定了各类绿色发展规划，但同样由于资金和人员供给匮乏，因而GGE系统始终发展缓慢，整体协调水平也较低。

3. 中部地区

图4-8展现了2008—2018年中部地区各省份GGE系统的耦合协调水平变化趋势。从图中能够看出，相较于其他地区，中部地区尽管没有发展水平十分突出的省份，但是也没有省份存在明显地落后，各省份之间协调发展水平趋于接近。其中，尽管山西省、河北省和湖北省的耦合协调度都接近或稳定在0.5以上，处于勉强协调水平，但三个省份都呈现出不稳定的波动性发展趋势，导致三个省份最终都出现协调发展停滞不前甚至倒退的情况。其中，山西省协调发展衰退较为严重，下降幅度达到了9.86%，这与山西省绿色技术创新水平下降有直接关系（2008—2018年降低了42.4%）。

安徽省、江西省和湖南省的耦合协调度常年保持在0.4—0.5，尽管仍处于濒临失调的耦合水平，但在样本期间三个省份协调发展水平的增长态势较为显著，上升幅度分别达到了7.43%、10.5%和3.26%，结合综合指标体系评价得分能够发现，安徽省和江西省协调发展能力的提升仍然与绿色技术创新水平的提升有不可分割的关系（上升幅度分别为25.8%和57.4%）。此外，在2015年后江西省开始大力发展绿色经济，绿色金融供给能力的提升也为江西省协调发展水平的提高起到了推动作用，使得江西省逐渐追赶上其他中部地区区域的发展步伐。

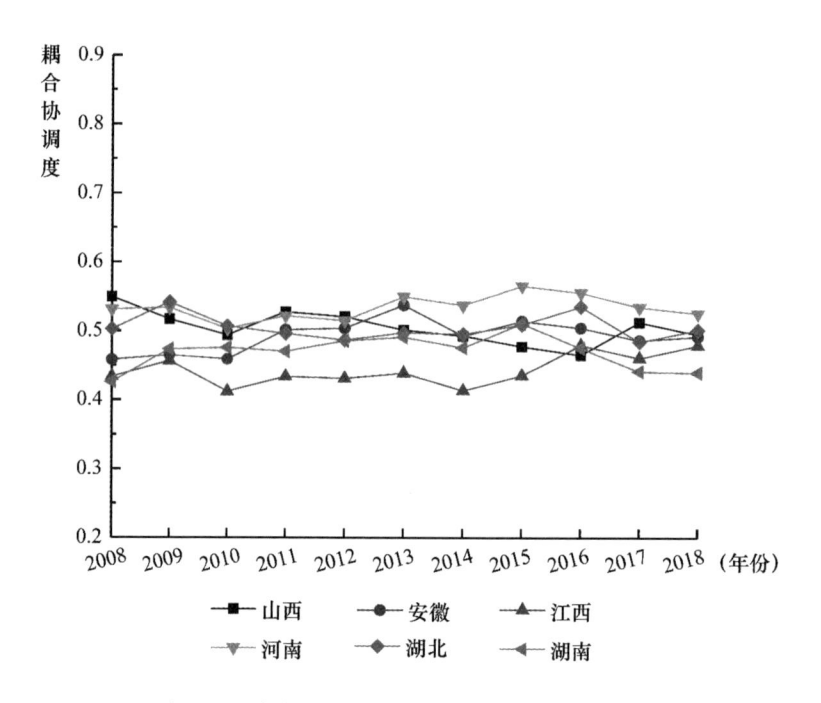

图 4-8 中部地区各区域 GGE 系统耦合协调水平

4. 西部地区

图 4-9 展现了 2008—2018 年西部地区各省份 GGE 系统的耦合协调水平变化趋势。从图中可以看出，与东部地区一样，西部地区内部差异化明显且可以分为三类。

第一类为重庆市、四川省和陕西省。这三个省份在西部地区发展形势较好，其中重庆市能够稳定在勉强协调的发展状态，而四川省和陕西省则徘徊于濒临失调和勉强协调之间，但由于绿色技术创新和绿色金融都存在不同程度的发展水平衰退，陕西省 GGE

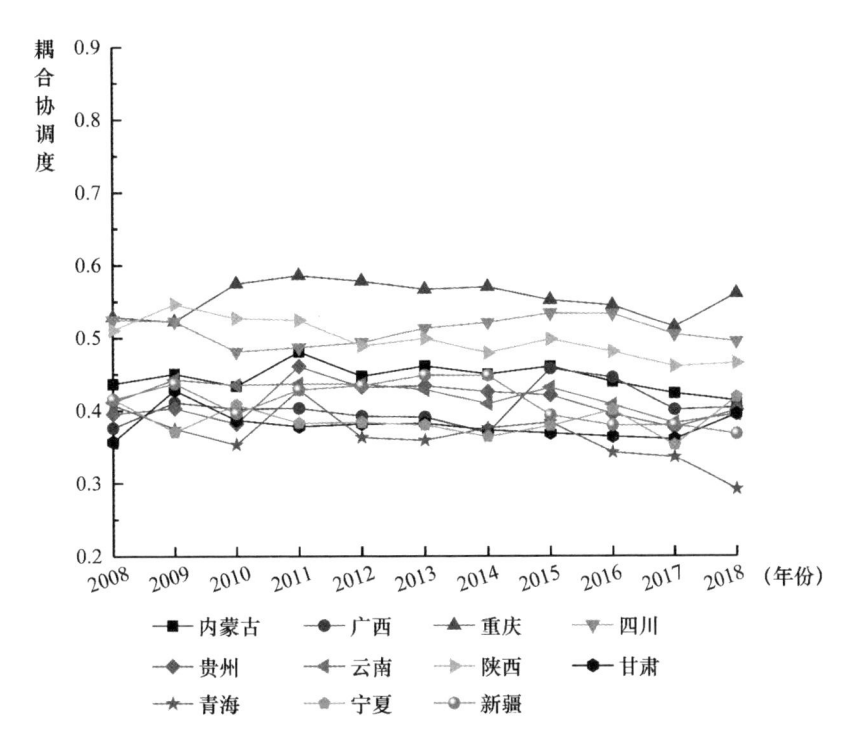

图 4-9 西部地区各区域 GGE 系统耦合协调水平

系统协调能力整体后退明显,其中 2009—2018 年下降幅度达到了 14.9%,逐渐脱离勉强协调的发展状态。

第二类为内蒙古自治区、广西壮族自治区、宁夏回族自治区、贵州省、云南省和甘肃省。这些省份在经过各自不同的波动性发展后,耦合协调度趋于接近,基本都保持 0.4—0.45,处于濒临失调状态,相较于样本期初时候,这些省份的协调发展水平提升最大的是甘肃省,上升幅度为 10.6%,而其他省份的变化幅度都保持在 5% 以内,协调水平提升缓慢。

第三类为青海省和新疆维吾尔自治区。在样本期间内,两个省份的 GGE 系统协调发展水平下滑十分明显，下降幅度分别达到了 28.5% 和 11.4%，导致近年来两个省份的耦合协调度降至 0.4 以下，处于轻度失调状态。结合综合指标体系评价得分发现，绿色技术创新水平和绿色金融发展衰退成为导致两个省份耦合协调能力下降的主要因素。于西北地区而言，在西部大开发战略背景下，科技、金融和政策环境均得到了改善，但是由于地缘劣势带来的人力资源匮乏以及民间资本热度不足等问题，绿色创新水平和绿色经济发展仍然没有较大的提升，从而导致 2008—2018 年西部众多省份的 GGE 系统耦合协调性发展几乎处于停滞状态。

第六节 本章小结

本章通过耦合协调度模型考察了 2008—2018 年我国及 30 个省份的绿色技术创新、绿色金融和环境规制三者的耦合协调发展水平。结果发现：从全国角度来看，我国 GGE 系统常年稳定在勉强协调的中等过渡发展水平，但是却存在长期发展停滞不前的问题；从不同地区各省份的角度来看，东部沿海发达城市和主要经济发展直辖市的聚集使得东部地区各省份 GGE 系统之间的协调发展水平最为突出，但是这也导致了东部地区内部协调发展差异较大；同样存在内部发展差异化的还有西部地区，但西部地区相较于东部地区，整体协调水平较低，同时增速缓慢；中部地区内部差异最小，而且随着时间变化，各省份之间耦合协调水平趋于相近；东北地区各省份由于科技人才流失和产业转型缓慢等问题，绿色技术创新水平提升能力不足，GGE 系统协调发展水平落后且仍然在不断下滑。

根据分析结果，本章认为在保持政府宏观调控稳定发展的同时，完善绿色金融体系和解决绿色技术创新发展相对滞后的问题是提升整体协同程度的关键，同时为未来我国绿色技术创新、环境规制和绿色金融更好地协调发展提出以下三条政策建议。

首先，全面推动绿色金融行业深化发展。通过对GGE系统耦合协调度增长较快的两个省份分析可以看出，绿色金融发展水平的提高是它们整体协调度提升的主要原因。我国绿色金融发展起步较晚，在未来的发展中，推动绿色金融体系建设是关键。作为公共治理的主要参与者，政府应该通过强化绿色金融法律法规监管机理、为绿色发展项目提供更多优惠政策以及优化金融机构和企业之间的信息披露机制等手段，以体现出政府主导绿色金融发展的制度优势。目前中国绿色金融服务主要以绿色信贷为主[①]，对于金融机构本身来说，注重绿色债券、绿色保险等新型绿色金融工具的推广是关键，以此提升绿色金融服务多元化发展。

其次，全方位激励绿色技术创新。目前我国绿色技术创新水平发展滞后，区域之间发展不均衡，众多省份GGE系统协调水平下降主要就是受地方绿色技术创新发展水平降低的影响。绿色技术创新发展水平较低的主要原因包括创新资源投入不足和社会缺乏良好的激励效果等。为了解决这些现实问题，一方面，地方政府应该从自上而下的角度入手，通过资金扶持、加强创新主体建设和强化知识产权法律法规等政策扩大资金、人才和知识等高端生产要素聚集。在完备的创新资源环境下，市场才能更好地发挥其资源配置的决定性作用，从而全面构建以市场为导向的绿色技术

---

① 俞岚：《绿色金融发展与创新研究》，《经济问题》2016年第1期。

创新体系。另一方面，各地区绿色技术创新应该实行差异化发展，东部沿海发达城市绿色技术创新水平在全国处于领先地位，这些地区在未来的发展中应该在保持稳定发展的前提下，减少末端污染处理技术创新，提高生产过程绿色技术创新水平；并加强对外开放，创造环境吸引国外科研团队交流合作，引进和采纳国际先进技术。而其他地区特别是西部地区和东北地区，应该发挥自身资源丰富、工业技术成熟的优势，通过学习东部地区绿色技术创新发展的过往经验，努力追赶。

最后，建立绿色技术创新、绿色金融和环境规制协调发展管理机构。仅靠三系统自身的平稳提升对整体发展影响力仍然不足，需要通过地区政府构建协调发展管理部门，收集地区企业在科技发展、资金贷款和污染排放等相关绿色发展评价数据，客观地评价每年该地区三系统协调发展情况，并分析其中存在的问题，制定相应的政策措施，给地区未来的发展方向做出规划。

第五章　高管团队对企业绿色技术创新的影响研究

改革开放以来，经济发展带来的环境问题与人民追求美好生态环境的矛盾日益凸显，由传统的经济增长方式向环境友好型绿色经济增长方式的转变势在必行，而绿色技术正是这一转变中解决"经济—环境"发展难题的有力工具。国际竞争日趋激烈的今天，创新已处于我国发展全局的核心位置。

企业是国家创新的主体，是创新活动中的重要有生力量，提升企业绿色技术创新（Green Technological Innovation，GTI）能力，在保护环境的同时实现经济绿色发展，建设人与自然和谐共生的社会主义现代化国家，是对人民福祉和民族未来的责任与担当。

企业战略决策对技术创新起着决定性的作用，在创新导向企业战略的形成过程中，高管团队（Top Management Team，高层管理团队）行为是最直接且重要的影响因素。Lau 和 Murnighan 基于高层梯队理论和团队多样性理论提出了团队断裂带（Team Faultlines）的概念，团队断裂带是指根据团队成员的一个或多个相似特征，将团队群体划分为若干子群体的虚拟分割线。

这一概念的出现，使得从组织层面探讨高管团队背景特征对企业绩之的影响成为可能。与传统的高层梯队理论相比，团队断裂带理论考虑了个体特征的复杂性和多重性，并发现其内部存在的聚合作用，能够对高管团队内部机制进行更为精准的研究和讨论。

近年来，多角度、多层次的团队多样性分析已经在团队效能研究领域逐步展开，并在管理学、心理学和组织行为学等领域得到了广度上的延伸。基于高管团队断裂带视角识别不同特质高管团队断裂带对企业绿色技术创新的影响机理，不仅有助于提升企业绿色技术创新能力，促进产业结构优化升级，同时能够为良性制度体系的建立提供参考。

第一节 理论分析与研究假设

一 高管团队断裂带与技术创新

现有文献中，鲜有关于高管团队断裂带对企业绿色技术创新影响的研究。但绿色技术创新作为技术创新的形式之一，在组织行为中与传统技术创新存在共通之处。绿色技术创新是指遵循生态规律，依据生态原理，节约能源和资源，从而减轻或消除生态污染，修复生态环境的技术创新行为。就高管团队断裂带而言，从组织层面考察高管团队断裂带对企业产生影响的研究始于 Tuggle 等[1]，结合 Bezrukova 等对团队断裂带的划分[2]，后续研究大多将高

---

[1] Tuggle, C. S., Schnatterly, K., Johnson, R. A., "Attention Patterns in the Boardroom: How Board Composition and Processes Affect Discussion of Entrepreneurial Issues", *Academy of Management Journal*, Vol. 53, No. 3, 2010, pp. 550–571.

[2] Bezrukova, K., Jehn, K. A., Zanutto, E. L. et al., "Do Workgroup Faultlines Help or Hurt? A Moderated Model of Faultlines, Team Identification, and Group Performance", *Organization Science*, Vol. 20, No. 1, 2009, pp. 35–50.

管团队成员特征属性作为团队断裂带划分的依据，将断裂带划分为基于社会分类理论形成的社会分类断裂带和基于认知多样化理论形成的任务相关断裂带。① 已有研究能够表明，高管团队断裂带对企业技术创新行为存在显著影响，只是不同的研究结论中该影响类型各有差异。大多数研究倾向于认为由于断裂带会加剧冲突和内耗，导致信息和交流水平降低，因此对企业技术创新存在负向作用②，但也有少部分研究得到正向结论，认为任务相关断裂带避免了群体思维的出现，能够增强团队的创造力和积极性，而这些因素将导致高管团队有更强的风险承受力，因而促进了企业创新能力的提升。③

研究结论存在的差异源于断裂带的休眠和激活特性，根据断裂带的活跃程度，可以将其分为潜在断裂带（Potential Faultlines）和活跃的断裂带（Activated Faultlines），潜在的断裂带虽然存在于客观中，但未被团队成员感知，因此不会对组织行为产生实质性影响，只有在特定的情境或问题中，特殊类型的断裂带才会被激活，

---

① Carton, A. M., Cummings, J. N., "A Theory of Subgroups in Work Teams", *Academy of Management Review*, Vol. 37, No. 3, 2012, pp. 441 – 470. Hutzschenreuter, T., Horstkotte, J., "Performance Effects of top Management Team Demographic Faultlines in the Process of Product Diversification", *Strategic Management Journal*, Vol. 34, No. 6, 2013, pp. 704 – 726. 马连福、张燕、高源：《董事会断裂带与公司创新战略决策——基于技术密集型上市公司的经验数据》，《预测》2018年第2期。

② 林明、戚海峰、李兴森：《混合所有制企业高管团队断裂带对突破性创新绩效的影响：基于混合高管结构权力平衡的调节效应》，《预测》2016年第4期；卫武、易志伟：《高管团队异质性、断层线与创新战略——注意力配置的调节作用》，《技术经济》2017年第1期。Maskel, l. P., *Social Capital, Innovation, and Competitiveness Social Capital*, London: Oxford University Press, 2000, pp. 111 – 123.

③ Rupert, J., Blomme, R. J., Dragt, M. J. et al., "Being Different, but Close: How and when Faultlines Enhance Team Learning", *European Management Review*, Vol. 13, No. 4, 2016, pp. 275 – 290.

活跃的断裂带才能够对组织行为和绩效产生影响。① 有关高管团队断裂带的研究均为对客观存在断裂带的测度，然而正如 Lau 和 Murnighan 所说，客观存在的断裂带只有被激活后，才会对组织行为产生影响。即并非所有特征属性都会导致团队成员在面对特定任务时产生情感或认知差别，进而导致团队出现断裂。

因此本书提出，在进行断裂带测量前应首先考察团队成员特征属性对特定任务的敏感度，进而基于能够对认知产生显著影响的特征属性变量进行断裂带划分，这样做的优势在于，一方面，剔除对任务敏感度低的特征属性变量，此时可被测量的断裂带即为已被激活的团队断裂带；另一方面，由于测算出的断裂带避免了无关信息的干扰，因而能够提出更具针对性的团队断裂带治理方案。剔除无关特征属性后仍存在的高管团队社会分类断裂带，从信息共享的角度来说，会导致团队内部信任感降低，敌对情绪明显，降低团队凝聚力，团队成员间的信息沟通和交流因情感冲突而受到阻碍，进而影响技术创新战略的实现。② 从现有研究来看，大部分研究均认为社会分类断裂带会因子团队成员的刻板印象，对其他子团队成员差别化对待，消极对待外围团队观点，不利于团队多样化认知资源发挥作用，降低团队技术创新决策绩效，对技术创新战略产生消极影响。③ 因此提出以下假设：

---

① Meyer, B., Glenz, A., "Team Faultline Measures: A Computational Comparison and a New Approach to Multiple Subgroups", *Organizational Research Methods*, Vol. 16, No. 3, 2013, pp. 393–424.

② Li, J., Hambrick, D. C., "Factional Groups: A New Vantage on Demographic Faultlines, Conflict, and Disintegration in work Teams", *Academy of Management Journal*, Vol. 48, No. 5, 2005, pp. 794–813. 陈悦明、葛玉辉、宋志强：《高层管理团队断层与企业战略决策的关系研究》，《管理学报》2012 年第 11 期。

③ Van Knippenberg, D., Dawson, J. F., West, M. A. et al., "Diversity Faultlines, Shared Objectives, and Top Management Team Performance", *Human relations*, Vol. 64, No. 3, 2011, pp. 307–336.

H5 – 1：活跃的高管团队社会分类断裂带对企业绿色技术创新有负向影响。

与社会分类断裂带相比，高管团队任务相关断裂带更容易被高管团队成员接受，这种断裂关系体现的是子团队间的知识差异。[①] 这种知识差异会促进不同领域和认知层面的信息观点互相传递，而知识转移能够带来更多新的思想，有助于提升企业创新绩效[②]，通过对不同意见的讨论，有助于降低企业决策风险，提升决策效率和质量。[③] 因此提出以下假设：

H5 – 2：活跃的高管团队任务相关断裂带对企业绿色技术创新有正向影响。

二 高管团队社会资本断裂带与企业绿色技术创新

社会资本的概念目前仍存在争议，主流关于社会资本概念类型的界定大致将其分为两种：一种是资源中心论，指个人在企业中所具有的资源，这种资源既有实际可见资源，也包括不可观测的藏匿于环境中的隐性资源；另一种是能力中心论，指个人通过与社会、企业或学校等团体或机构建立关系并从中获取资源的总和。

---

① Van Knippenberg, D., De Dreu, C. K. W., Homan, A. C., "Work Group Diversity and Group Performance: an Integrative Model and Research Agenda", *Journal of Applied Psychology*, Vol. 89, No. 6, 2004, p. 1008.

② Talke, K., Salomo, S., Kock, A., "Top Management Team Diversity and Strategic Innovation Orientation: The Relationship and Consequences for Innovativeness and Performance", *Journal of Product Innovation Management*, Vol. 28, No. 6, 2011, pp. 819 – 832.

③ 汪沛、葛玉辉：《高管团队断裂带对创新绩效的影响研究》，《科技管理研究》2018年第17期。

这两种观点忽略了一个重要事实,即社会资本的资本属性,资本需要投资并能产生额外收益,且社会资本依附的关系网络主要由非正式关系构成,因此,有学者将社会资本定义为行为主体通过投资形成的、能为行为主体带来回报的、各种非正式关系的总和。现有研究普遍认为,作为企业经营必备要素之一,社会资本作为高管社会嵌入性的重要表现形式,存在于高管团队成员所涉及的社会网络中,有助于企业获得来自外部环境的新技术,能够促进创新合作,提升企业创新绩效,为企业发展提供资源与机会。[1] 目前关于社会资本断裂带与企业技术创新关系的研究较少,仅有的研究认为社会资本断裂带与企业技术创新间存在非线性关系且存在一个断裂强度区间,高于此区间,高管团队社会资本断裂带对创新产生负向影响;反之则产生正向影响。也有研究认为,高管团队断裂带负向调节了社会资本对创新的积极作用。[2]

基于以上研究,本书认为,社会资本是高管团队成员与其他外部利益相关者建立的合作与信任关系,对企业资源获取有积极效果,能显著提升企业绩效,而获取资源是企业进行创新的核心要素,因此基于社会资本形成的断裂带较易被子团队成员接受,有利于绿色技术创新。当高管团队社会资本多样化程度较低时,其断裂带强度因而较低,团队成员间信息交换和沟通顺畅,有利于共享外部资源和信息,提升高管团队决策质量,增强企业绿色技术创新能力;而当高管团队社会资本断裂带强度较高时,虽然外

---

[1] Salman, N., Saives, A. L., "Indirect Networks: an Intangible Resource for Biotechnology Innovation", *R&D Management*, Vol. 35, No. 2, 2005, pp. 203 – 215.

[2] 李小青、吕靓欣:《董事会社会资本、群体断裂带与企业研发效率——基于随机前沿模型的实证分析》,《研究与发展管理》2017年第4期。

部资源带来的福利仍然存在,但子团队对接受不同的外部信息后较容易形成固执的认知,因而对其他子团队产生偏见,不利于团队共同愿景的实现,此时社会资本断裂带对绿色技术创新的正向影响会逐渐弱化。基于以上分析,本书提出以下假设:

H5-3:活跃的高管团队社会资本断裂带对绿色技术创新有正向影响且二者相关形式为非线性相关。

三 本土情境下高管团队人际特征断裂带与企业绿色技术创新

中国是一个"人情社会",正是由于这一社会环境和文化氛围的差异,我国的高管团队相较西方国家而言,人际关联因素导致的子群体分割现象更为显著。西方社会中,信仰和种族特征容易引发团队断裂,我国情境下,基于人际关联形成的断裂带作用则更为显著,目前已有小部分研究关注这一问题,但尚无实证证据支持。

本土情境下,人际关联型特征是促使团队断裂带产生的不可忽视的诱因之一,因此本书以高管团队成员的校友关系和亲戚关系作为背景特征,测度由其导致的断裂带强度,并命名为"高管团队人际关联型断裂带"。与社会分类特征相比,由人际关联型特征诱发的断裂带往往会导致更强烈的情感冲突,成员乐于选择与自己存在直接人际关联的其他成员结盟,导致形成子团队的概率提升,且子团队间不兼容程度极高,最终将在团队内形成稳定的、互相排斥的子团队。这一过程严重阻碍了知识在高管团队成员间的传递和信息的流通,最终导致子团队内部同质性越发增强,子团体间断裂强度不断提升,严重影响团队决策效率和科学度。有鉴于此,本书提出以下假设:

H5-4：基于本土情境，活跃的高管团队人际关联型断裂带对企业绿色技术创新有负向影响。

四 股权集中度的调节作用

既有研究发现，在高管团队断裂带与企业创新绩效（能力）间存在多种调节变量，已被证实的具有显著调节作用的变量有战略柔性、团队规模、CEO信息属性、外部环境等。[①] 在这些调节变量中，作为公司治理重要工具之一的股权集中度对企业绿色技术创新决策和行为有极为重要的影响。

区别于传统的技术创新，绿色技术创新投资额大、周期长、收益不确定等特点表现得更为显著，且对决策者的环保意识有高度依赖性。因此从不同控制权性质角度来说，非国有控股企业中，控股大股东承担的风险过于集中，势必影响其参与绿色技术创新的动力。不仅如此，股权集中度高也容易引致控股大股东的侵占行为，进而影响企业绿色技术创新战略的执行。在国有控股企业中，国有股所有者"缺位"，但企业战略决策受到政府管控、舆论的监督以及媒体的关注，因此管理者倾向于迎合社会监督，选择鼓励绿色创新的战略，并以此应对业绩考核，降低舆论和媒体的监管压力。由此可见，相较国有控股企业而言，国有控股企业环境敏感性强，高股权集中度会促进企业绿色技术创新，非国有控股企业中，股权集中度高则会抑制企业绿色技术创新。即股权集中度对企业绿色技术创新的调节作用并非一味地促进或抑制，而

[①] Georgakakis, D., Greve, P., Ruigrok, W., "Top Management Team Faultlines and Firm Performance: Examining the CEO-TMT Interface", *The Leadership Quarterly*, Vol. 28, No. 6, 2017, pp. 741–758.

是由企业控制权性质决定。由此,本书提出以下假设:

H5-5a:在其他条件不变的情况下,国有控股企业中,股权集中度在高管团队断裂带对绿色技术创新的影响过程中起正向调节作用。

H5-5b:在其他条件不变的情况下,非国有控股企业中,股权集中度在高管团队断裂带对绿色技术创新的影响过程中起负向调节作用。

第二节 高管团队对企业绿色技术创新影响的研究设计

一 样本选择与数据来源

基于以上文献回顾和分析,本书以环境保护与经济发展间矛盾最为尖锐的重污染行业为研究对象,选取2014—2017年中国A股上市重污染企业为样本,对高管团队断裂带和绿色技术创新之间的关系进行分析。

样本企业行业的认定以中国证券监督委员会2012年修订的《上市公司行业分类指引》、环境保护部2008年制定的《上市公司环保核查行业分类管理名录》(环办函〔2008〕373号)和《上市公司环境信息披露指南》(环办函〔2010〕78号)为准,包括火电、钢铁、水泥、电解铝、煤炭、冶金、化工、石化、建材、造纸、酿造、制药、发酵、纺织、制革和采矿业共16类行业。

样本筛选条件为:(1)剔除连续数据不足四年的上市公司;(2)剔除ST、*ST、SST和S*ST样本;(3)为消除团队规模对结果的影响，剔除任一统计年度高管团队规模小于7人大于10人的公司；（4）剔除2014年1月1日后上市的企业。最终确定了64个样本企业，共计34408个高管团队成员特征属性值。

特征属性数据来自国泰安（CSMAR）数据库，部分缺失数据经查上交所与深交所公开的企业年报数据补齐。绿色技术创新相关数据由企业社会责任报告经手工整理完成，数据处理利用EX-CEL 2013完成，其他分析利用软件Stata 15实现。

二 变量选择、定义与测度

（一）因变量：绿色技术创新（GTI）

现有文献中对绿色技术创新变量的测度多以专利申请或授权数量为指标，而本书以重污染上市企业为研究对象，若单纯从专利角度考察企业绿色技术创新能力，代表性不足。基于本书提出的绿色技术创新定义，绿色技术创新的内涵应为遵循生态原理和生态规律，节约资源和能源，从而避免、消除或减少生态环境污染或破坏的技术创新行为。在这一内涵之下，能够发现就重污染企业而言，高能耗和高污染伴随其生产全过程，绿色技术创新实际上存在于产品生命周期的各个阶段，因此，为了全面衡量重污染企业绿色技术创新能力，借鉴李婉红等[1]以及王锋正和陈方圆[2]的研究，选择以研发投入与能源消耗量之比作为测度企业绿色技术创新能力的指标，该比值与企业绿色技术创新程度呈正相关关系。

---

[1] 李婉红、毕克新、孙冰：《环境规制强度对污染密集行业绿色技术创新的影响研究——基于2003—2010年面板数据的实证检验》，《研究与发展管理》2013年第6期。

[2] 王锋正、陈方圆：《董事会治理、环境规制与绿色技术创新——基于我国重污染行业上市公司的实证检验》，《科学学研究》2018年第2期。

该指标的另一优势在于，相较于存在滞后效应的专利数据，研发和能源数据不存在时滞问题，所得结论时效性更强。

(二) 自变量

1. 高管团队社会分类断裂带（SCF）

在通常情况下，社会分类断裂带由高管团队成员的年龄、性别和种族构成。根据我国上市公司高管团队组成情况，成员种族类别较为单一，因此排除种族因素，引入国籍情况，结合年龄和性别，共同构成社会分类断裂带指标，以是否为中国国籍来区分。

2. 高管团队任务相关断裂带（TD）

借鉴相关研究，任务相关断裂带的测量指标由任期、学历和工作职能构成。其中任期通过高管团队成员任职年限测度，任职年限不足6个月的成员已被剔除。学历指标划分为大专以下、大专、本科、硕士和博士共5个类别。工作职能的划分借鉴魏月如①的研究，分为输出（营销、销售和研发）、转换（生产、运营和制造）和支持（其余）3种类型。

3. 高管团队社会资本断裂带（SC）

如前文所述，高管团队成员的社会资本代表企业获取外部资源的实力，以高管团队成员在股东单位兼职数、成员的政府背景、学术背景和金融背景情况分别代表上市公司与外部企业、政府机构和金融业的关联度。

4. 高管团队人际关联断裂带（IR）

对人际关联断裂带强度的衡量以高管团队成员在本公司内任职

---

① 魏月如：《高管团队断裂带对变革型领导与企业绩效关系的调节作用》，《领导科学》2018年第14期。

高管团队成员的亲属和校友数量作为指标测度。

各维度断裂带强度的测量借鉴 Lau 等提出的"二分模式",通过划分断裂带将团队分为两个人数不少于两人的子团队。断裂带的测量采用 Thatcher 等[①]开发的断裂带计算公式,利用子团队间离差平方和除以总离差平方和,具体公式为:

$$Fau_g = \frac{\sum_{j=1}^{q}\sum_{k=1}^{2} n_k^g (\bar{x}_{jk} - \bar{x}_j)^2}{\sum_{j=1}^{q}\sum_{k=1}^{2}\sum_{i=1}^{n_k^g} (x_{ijk} - \bar{x}_j)^2} \quad g = 1,2,3,\cdots,s$$

其中,g 代表断裂带分类方式,q 代表被考察特征属性总数,n_k^g 代表第 g 种分类方式下,子团队 k 中的成员数量,$\bar{x}_{jk}$ 表示第 k 个子团队中第 j 种特征属性的平均值,$\bar{x}_j$ 表示整个团队中特征属性 j 的平均值,x_{ijk} 表示第 k 个子团队中成员 i 特征属性 j 的取值。

考虑到独立董事和监事在企业战略决策中的有限作用,在高管团队成员中剔除这两种职务成员。对于上述特征属性变量中的分类变量,为将其与连续变量置于同一公式中计算,需对其进行重新编码,编码原则如下:首先,将分类变量重新编码为虚拟变量;其次,重新调整连续变量和虚拟变量,为使各类别个体间欧氏距离均为 1,将虚拟变量分别乘以 $1/\sqrt{2}$,同时利用缩放因子将连续变量各自除以成员间最大样本差。[②] 断裂带的取值为所有可能的分类方式中断裂带强度最大值 $[\max(Fau_g)]$,取值范围为 0—1,越靠近 1 说明断裂带强度越强。

---

① Thatcher, S. M. B., Jehn, K. A., Zanutto, E., "Cracks in Diversity Research: The Effects of Diversity Faultlines on Conflict and Performance", *Group Decision and Negotiation*, Vol. 12, No. 3, 2003, pp. 217–241.

② 潘清泉、唐刘钊、韦慧民:《高管团队断裂带、创新能力与国际化战略——基于上市公司数据的实证研究》,《科学学与科学技术管理》2015 年第 10 期。

（三）调节变量：股权集中度（CON）

本书以股权集中度为调节变量，借鉴程翠凤[①]以及刘振和刘博[②]的做法，以第一大股东持股比例作为指数衡量企业内部股权集中程度。

（四）控制变量

借鉴刘博等[③]以及潘清泉等[④]的研究，选择企业规模（$SIZE$）、企业年龄（E_AGE）、盈利能力（PRO）、发展能力（$GROW$）为控制变量。主要变量名称及说明如表5-1所示。

表5-1　　　　　　　　变量名称及说明

类型	变量	名称	说明
因变量	GTI	绿色技术创新	研发投入/能源消耗量
待测自变量	SCF	高管团队社会分类断裂带	性别、年龄和国籍导致的断裂带强度
	TD	高管团队任务相关断裂带	任期、学历和工作职能导致的断裂带强度
	SC	高管团队社会资本断裂带	成员在股东单位兼职、政府背景和金融背景导致的断裂带强度
	IR	高管团队人际关联断裂带	亲属和校友关系导致的断裂带强度
调节变量	CON	股权集中度	第一大股东持股数/企业总股数

---

① 程翠凤：《高管激励、股权集中度与企业研发创新战略——基于制造业上市公司面板数据调节效应的实证》，《华东经济管理》2018年第11期。
② 刘振、刘博：《股权集中度、管理者薪酬组合与自主创新投资》，《科研管理》2018年第12期。
③ 刘博、张多蕾、刘海兵：《高管团队社会资本断裂与企业创新能力关系研究——CEO权力的调节作用》，《华东经济管理》2018年第7期。
④ 潘清泉、唐刘钊、韦慧民：《高管团队断裂带、创新能力与国际化战略——基于上市公司数据的实证研究》，《科学学与科学技术管理》2015年第10期。

续表

类型	变量	名称	说明
控制变量	SIZE	企业规模	资产总额自然对数
	E_AGE	企业年龄	企业上市时长
	PRO	盈利能力	总利润/总资产
	GROW	发展能力	总资产增长率

三 自变量的预处理：Sobol 敏感度分析

（一）团队断裂带的休眠与激活

休眠的断裂带与感知被激活的断裂带不存在显著相关关系，休眠的断裂带虽然在客观上存在于团队中，但是由于其尚未被激活，因此无法被团队成员感知，不会对团队过程或决策产生影响。对团队断裂带激活问题的研究较少，仅有的研究也基本以实验法为主，发现能够触发团队断裂的因素有很多种，如区别对待、同化作用、价值观差异等，进一步的研究发现，任务特征也是能够激活团队断裂带的一个重要因素。从任务特征角度来看，产生断裂带潜藏现象的原因在于特定类型断裂带中的全部特征属性对任务均无影响，在这种情况下，断裂带仍然可以被测算到，甚至断裂强度较高，但并不会对团队中的信息共享、知识传递和情感交流产生影响。

基于这一研究视角，本书在绿色技术创新任务下，运用 Sobol 敏感度分析方法考察各特征属性对绿色技术创新的敏感度，目的是识别该任务下不会被激活的断裂带，或剔除被激活的断裂带中对绿色技术创新不敏感的特征属性变量，以此计算活跃的高管团队断裂强度。

(二) Sobol 敏感度分析法

Sobol 敏感度分析（又称基于方差的敏感度分析）是最具代表性的全局敏感度分析方法。核心是将函数总方差分解成单个变量的方差和变量间的相互作用而导致的方差。这一研究方法在技术经济、测绘以及水文环境等多领域已经得到广泛应用。

在概率框架内，Sobol 方法将模型或系统的方差分解为归因于输入或输出方差。这种基于方差的灵敏度测量的优势在于，它能够测量整个输入空间的灵敏度（一种全局方法），处理各种线性和非线性响应，并且能够测量非线性系统中变量相互作用对目标函数产生的影响。

从绿色技术创新任务角度来看，构成不同类型断裂带的高管团队特征属性与绿色技术创新的关系可以被视为函数 $GTI = f(X) = f(X_1, X_2, \cdots, X_s)$，其中存在 s 个相互独立的随机输入变量，GTI 为模型输出目标函数。此时 GTI 的方差 $Var(GTI)$ 可以被分解为：

$$Var(GTI) = \sum_i Var_i + \sum_{i<gti} Var_{ij} + \sum_{i<j<k} Var_{ijk} + \cdots Varx_{1,2,\cdots,s}$$

其中，Var_i 为变量 i 导致的方差；Var_{ij} 为变量 i 和 j 相互作用导致的方差；Var_{ijk} 为变量 i，j 和 k 相互作用导致的方差；$Var_{1,2,\cdots,s}$ 为 s 个变量相互作用产生的方差。对上式进行标准化处理，得到各变量和变量间相互作用的敏感度：

$$\sum_i \frac{Var_i}{Var(GTI)} + \sum_{i<gti} \frac{Var_{ij}}{Var(GTI)} + \sum_{i<j<k} \frac{Var_{ijk}}{Var(GTI)} + \cdots \frac{Varx_{1,2,\cdots,s}}{Var(GTI)} = 1$$

通过计算可得到一阶敏感度指数和二阶敏感度指数：

$$S_i = \frac{Var_i}{Var(GTI)}$$

$$S_{ij} = \frac{Var_{ij}}{Var(GTI)}$$

同理可推导高阶敏感度指数，用以确定变量的敏感度。依据相关研究，对目标样本范围进行蒙特卡洛采样，选用 sobol sequence 进行。此时当变量数量较多时会导致工作量过大（需要至少评估 $2^d - 1$ 个指数），因此，引入全局敏感度指数，用以测量变量 i 的变化对输出方差变化的贡献（包括由任何顺序与任何其他输入变量的相互作用引起的所有方差变化）。其表达为：

$$S_{Ti} = 1 - \frac{Var_{\sim i}}{Var(GTI)}$$

其中，S_{Ti} 代表变量 i 主要作用和相互作用的敏感度。$Var_{\sim i}$ 代表除了变量 x_i 外的变量的方差。

（三）高管团队特征属性敏感度的 Sobol 分析

绿色技术创新任务下，待检测的高管团队成员特征属性变量为组成社会分类断裂带的要素——年龄（FA）、性别（FG）、国籍（FN），组成任务相关断裂带的要素——任期（DT）、学历（DE）、工作职能（DF），组成社会资本断裂带的要素——股东兼职背景（CPB）、金融背景（CB）、学术背景（AB）、政府背景（OB），组成人际关联断裂带的要素——亲属关系（RF）和校友关系（RS），共计 12 个变量，所有变量值均为重新编码处理后的取值。目标函数为绿色技术创新（GTI），以 2014—2017 年每年的 12 月 31 日为典型时间点，4 个时间点下全部变量对目标函数的一阶敏感度和全局敏感度分布如图 5-1 所示，图中灰色柱状部分为一阶敏感度指数，白色部分为全局敏感度指数。

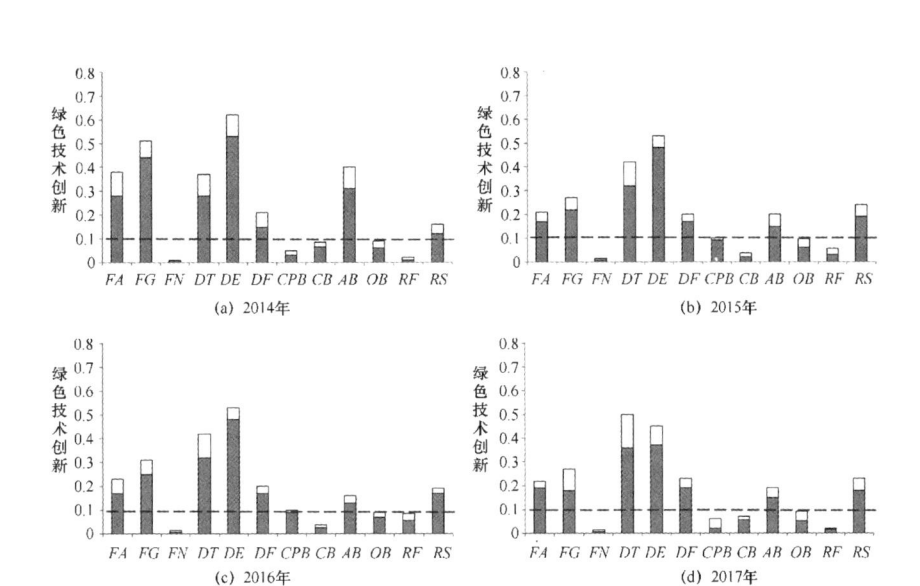

图 5 – 1　高管团队特征属性敏感度分析

根据相关研究，全局敏感度超过 10% 的变量即可被认定为目标函数下的敏感型变量。从图 5 – 1 可以直观看出，FN、CPB、CB、OB 和 RF 这 5 个变量在全部 4 个时间点下敏感度表现较低，说明这 5 个变量在我国本土情境下的企业绿色技术创新任务中，对绿色技术创新影响极小，不足以激活高管团队休眠中的断裂带，因此在计算中应予以剔除。此外，本书所提出的四种断裂带类型中，未出现某一断裂带全部构成因素均表现为非敏感因素，因此，四种断裂带类型应全部引入后续模型，进入进一步的分析中。

第三节　假设检验与分析

为验证前文提出的假设，对样本企业的平衡面板数据进行回归分析。本书中高管团队断裂带与绿色技术创新指标间不存在滞后问题，因此采用静态面板回归模型对数据进行分析。

一 描述性统计分析和相关分析

表 5-2 报告了变量的描述性统计分析结果：（1）绿色技术创新自然对数的均值为 18.261，标准差为 3.605，这一分布表明在研究样本中，样本企业在绿色技术创新能力上有明显差别；（2）代表断裂带强度的四个变量，均值分别为 0.527、0.778、0.503 和 0.457，说明绿色技术创新任务下四种断裂带类型的强度在不同企业间存在较大差异性，断裂强度普遍较高的是任务相关型团队断裂带；（3）就股权集中度而言，样本企业股权集中度均值为 45.5%，说明我国重污染上市企业第一大股东持股比例较高，因此股权集中度对绿色技术创新的影响不容忽视；（4）控制变量离散性较高，有助于回归分析的进行。

表 5-2 同时报告了 pearson 相关性分析结果，其中相关系数最大值为 0.456，自变量间相关系数均未超过多重共线性问题发生的阈值，变量间多重共线性不显著。通过对相关系数的观测，发现因变量与其他变量间存在显著的线性相关关系，可粗略判断绿色技术创新与社会分类和人际关联断裂带呈负相关关系，与任务相关型和社会资本断裂带呈正相关关系，初步验证了本书的理论假设。

二 假设检验

为验证假设，通过层次回归对数据进行分析。为避免可能出现的多重共线性问题，对交互项进行了中心化处理，回归结果如

表 5-2 变量的描述性统计分析与变量间相关分析结果

变量	Mean	SD	lnGTI	SCF	TD	SC	IR	CON	SIZE	E_AGE	PRO	GROW
lnGTI	18.261	3.605	1									
SCF	0.527	0.136	-0.268**	1								
TD	0.778	0.176	0.312*	-0.132*	1							
SC	0.503	0.276	0.268**	-0.068*	0.438	1						
IR	0.457	0.232	-0.203**	0.204	-0.431	0.421*	1					
CON	0.455	0.143	0.262*	-0.063*	-0.265*	0.299	0.004**	1				
SIZE	22.462	2.028	0.456***	-0.156	0.063	0.062	-0.264**	0.430*	1			
E_AGE	5.987	2.234	0.228**	0.034**	0.054**	0.034**	0.254	0.234	0.434**	1		
PRO	0.122	0.014	0.005*	0.002	0.006	0.004	0.017*	0.003	0.011	0.001	1	
GROW	0.454	0.331	0.057*	0.016*	0.013	0.090*	0.041	0.005	0.021*	0.034*	0.023	1

注：***、** 和 * 分别表示 1%、5%、10% 显著水平下显著。

表 5-3 所示。层次回归共包括 7 个回归模型,模型 1 仅对控制变量进行回归,模型 2 引入代表团队断裂带类型的 4 个自变量,模型 3 引入社会资本断裂带的平方项,模型 4 引入社会资本断裂带的对数项,模型 5 引入调节变量,模型 6 和模型 7 分别为国有控股和非国有控股企业引入调节变量与断裂带强度的乘积项。随着层次分析变量的增加,模型调整的 R^2 持续提升,F 值始终显著,因而均为有效模型。

表 5-3　　　　　　　　　层次回归分析结果

变量	模型 1	模型 2	模型 3	模型 4	模型 5	模型 6 国有控股	模型 7 非国有控股
SIZE	0.448*	0.401**	0.379*	0.356*	0.352*	0.334*	0.321*
E_AGE	0.373*	0.287	0.223*	0.245	0.238	0.211*	0.202*
PRO	0.432**	0.251	0.187	0.192*	0.101	0.131**	0.125
GROW	0.231*	0.156**	0.101	0.003	0.032*	0.002*	0.076*
SCF		-0.214**	-0.203**	-0.198*	-0.192*	-0.376*	-0.156*
TD		1.478***	1.372***	1.323***	1.299**	1.346***	1.198*
SC		0.239					
IR		3.302**	-3.231*	-3.224*	-3.189*	-4.411*	-3.187
SC^2			0.054				
lnSC				0.093*	0.056*	0.167*	0.054*
CON					0.345**	0.298*	0.293*
CON×SCF						-0.235	-0.206
CON×TD						2.239	3.219*
CON/SC						0.345	0.431
CON×IR						4.341*	-2.273
R^2	0.176	0.289	0.271	0.291	0.315	0.214	0.232

续表

变量	模型1	模型2	模型3	模型4	模型5	模型6 国有控股	模型7 非国有控股
adjust-R^2		0.203	0.254	0.278	0.283	0.187	0.072
F	42.180***	44.345***	47.876***	49.483***	52.423***	32.900***	29.921***

注：***、**和*分别表示$p<0.001$，$p<0.01$，$p<0.05$。

模型1是对控制变量的回归。结果表明，企业规模（0.048，$p<0.05$）、上市时间（0.373，$p<0.05$）、盈利能力（0.432，$p<0.01$）和成长能力（0.231，$p<0.05$）均与绿色技术创新能力的自然对数正相关，说明企业规模越大、上市时间越长、盈利和成长能力越优秀，其绿色技术创新能力越强，这与大多数现有研究结论一致。模型2中加入了高管团队断裂带强度的四种形式，发现社会分类断裂带强度（-0.214，$p<0.01$）与企业绿色技术创新能力负向相关，即由年龄和性别导致的断裂带会影响企业绿色技术创新能力，这一结果验证了本书提出的假设H5-1。此外，由任期、学历和工作职能导致的任务相关断裂带，其强度与企业绿色技术创新能力显著正相关（1.478，$p<0.001$），印证了文中提出的假设H5-2。由校友关系导致的人际关联断裂带与企业绿色技术创新能力显著负相关（-3.302，$p<0.01$），这一结论验证了本书提出的假设H5-4。

社会资本断裂带因高管团队成员学术背景不同而产生，但其与因变量间不存在显著线性相关关系，参照相关研究，在模型3中引入了社会资本断裂带强度的平方项，结果仍不显著（0.054，$p>0.05$）。模型4加入了社会资本断裂带强度的自然对数项，结果表明社会资本断裂强度的对数项与企业绿色技术创新能力存在正相关关系（0.093，$p<0.05$），且为非线性相关形式，假设 H5-3 得到印证。即社会资本断裂带对企业绿色技术创新的促进作用随着高管团队成员社会资本多样化程度提升而增强，但多样化程度超过一定范围后，其对绿色技术创新的促进效果将逐渐转弱。

与前人对高管团队社会资本断裂与企业创新能力关系研究有所不同的是，虽然证明社会资本断裂强度与企业绿色技术创新能力为非线性相关，但发现此相关形式并非既有文献中发现的倒"U"形，而是近似的倒"L"形。这一结论差异可能源于两种原因：一是样本的数据偶然性导致；二是模型仅纳入了对绿色技术创新任务敏感度高的高管团队成员特征属性因素，排除了可能存在的休眠性因素，因而导致了与前人研究结论的差别。

模型 5 引入了调节变量股权集中度，从该变量在模型中的表现可以看出，股权集中度与绿色技术创新能力显著正相关（0.345，$p<0.01$），因此可以作为调节变量加入模型之中。模型 6 为国有控股企业引入调节变量，能够发现在国有控股企业中，股权集中度对高管团队人际关联断裂带有正向调节作用（4.341，$p<0.05$），即国有控股企业中，股权集中度越高，高管团队人际关联断裂带对绿色技术创新的抑制作用越弱。模型 7 为非国有控股企业引入调节变量，结果表明股权集中度对高管团队任务相关断裂带具有负向调节作用（3.219，$p<0.05$），即非国有控股企业中，股权集中度越高，高管团队任务相关断裂带对绿色技术创新的促进作用越弱，假设 H5-5a 和 H5-5b 得到证实。

模型 6 和模型 7 中，所有自变量与因变量关系与模型 5 一致，此外，社会资本断裂带与绿色技术创新的对数函数关系在这两个模型中仍然存在（0.167，$p<0.05$；0.054，$p<0.05$），说明各变量间的关系是稳健成立的。

三 稳健性检验

为保证研究结论可靠，本书还进行了以下稳健性检验：（1）考虑到部分企业高管团队成员中不存在人际关联断裂带，因此仅用存在人际关联断裂带的企业进行回归，结果一致；（2）考虑到部分企业不存在社会资本断裂带，因此仅用存在社会资本断裂带的企业进行回归，结果一致；（3）考虑到研发投入具有持续性，引入研发投入滞后项做控制变量，结果一致；（4）为了缓解可能存在的内生性问题，在模型中控制企业固定效应，结果一致。

第四节 本章小结

本书探讨了高管团队断裂带对企业绿色技术创新的影响，研究发现：第一，高管团队成员特征属性中的部分因素会因对绿色技术创新敏感度较高而导致团队断裂带被激活。利用Sobol分析考察了高管团队成员特征属性对绿色技术创新的敏感度，发现被考察因素在敏感度表现上差异较大，部分因素敏感度较低，不足以在团队过程中引发冲突或对抗，因而不会导致团队断裂带被激活。通过本书的研究，在有可能导致团队断裂问题出现的12个变量中，只有7个变量对绿色技术创新在样本期内保持高敏感度，其余5个变量敏感度不足，无法引致团队断裂带的形成，因而未引入后续研究。基于这一研究结论，结合敏感度分析结果，在提升企业绿色技术创新能力的过程中，应注重高管团队社会分类和人际关联断裂带的治理，控制高管团队成员性别和年龄比例，降低团队内部人际关联程度，最大限度减少团队内部的不信任因素，减少冲突与内耗，避免因社会分类和人际关联因素导致的"小团体"的形成。

第二，高管团队断裂带对企业绿色技术创新的影响方向不可一概而论。既有部分研究认为，高管团队断裂带会降低企业创新绩效或创新能力，但通过本书的研究证实，虽然高管团队社会分类断裂带和人际关联断裂带的确对绿色技术创新有负向作用，但高管团队任务相关和社会资本断裂带却可以正向促进企业绿色技术创新能力的提升。有鉴于此，为增强企业绿色技术创新能力，避免负向影响断裂带形成的同时，还应积极促进任务相关和社会资本断裂带形成，鼓励高管团队成员在任期、学历、工作职能以及学术背景方面实现多样化，提升知识传递效率，促进信息在团队内部整合，进而提升企业绿色技术创新能力。

第三，国有控股企业中，股权集中度的升高能够削弱高管团队人际关联断裂带对绿色技术创新的抑制效果，在非国有控股企业中则会降低高管团队任务相关断裂带对绿色技术创新的促进作用，且股权集中度在国有控股企业中的影响大于非国有控股企业。实证结论表明，国有企业中，股权集中度越高，越有利于企业进行绿色技术创新实践，适当提升股权集中度，有助于抑制由于人际关联形成的"小团体"对绿色技术创新能力的负影响；反之，在非国有控股企业中，适当降低股权集中度，有利于任务相关断裂带发挥其对绿色技术创新的促进作用。

本章可能的贡献主要在于：第一，有关团队断裂带激活和休眠特性的研究早已有之，但仅限于理论探讨阶段，虽然学术界普遍认为只有激活的断裂带才会对团队决策产生影响,但鲜有关于断裂带激活的实证研究。本书采用 Sobol 敏感度分析,从理论和实践上保证了所测算的断裂带均为处于活跃中的断裂带。这是对团队断裂带理论研究的深化和补充,也为未来断裂带休眠与激活的研究提供了实证证据。

第二,与既有研究不同,本书是对断裂带类型较为全面的研究,除了学术界普遍考察的断裂带类型,还引入了基于我国本土情境特点产生的人际关联断裂带,因此,本书也是将团队断裂带理论应用于特定地域情境的创新性研究。

本章尚存在一些不足之处,主要表现在数据的缺失上,一方面,由于可用数据和实证条件限制,研究仅选取了重污染上市企业总量中不足10%的企业作为研究样本,导致实证结论的局限性;另一方面,更为多样的高管团队成员特征属性数据短时期内难以获取,导致变量选择的局限性。因此,未来的研究一是要扩大样本容量;二是要继续对重污染企业进行深入调研,获取更多翔实可靠的一手资料,为后续研究做好铺垫和准备。此外,促进活跃的正向断裂带发挥效用,抑制被激活的负向断裂带对团队决策和绩效的影响,才能实现企业健康长久发展,团队断裂带的治理和修复因而也是未来研究的主要方向之一。

第六章　多要素联合驱动的企业绿色技术创新机制研究

2019年4月，国家发展和改革委员会联合科技部发布了《关于构建市场导向的绿色技术创新体系的指导意见》（发改环资〔2019〕689号）（以下简称《意见》）。《意见》中指出，以降低消耗、减少污染、改善生态、促进生态文明建设、实现人与自然和谐共生的新兴技术为内涵的绿色技术创新，正在成为全球新一轮工业革命和科技竞争的重要新兴领域。在当前全球经济形势低迷、生态环境矛盾日益尖锐的情况下，绿色技术创新不仅是引领经济实现绿色可持续发展的第一推动力，也是推进生态文明建设的最重要着力点。[①]

企业是绿色技术创新的主体[②]，与其他传统创新相比，双重外部性是企业绿色技术创新的重要特征之一[③]，由此带来的市场失

[①] 徐烁然、易明：《构建市场导向的绿色技术创新体系（新知新觉）》，《人民日报》2018年8月2日第7版。
[②] 中华人民共和国国家发展和改革委员会、中华人民共和国科学技术部：《关于构建市场导向的绿色技术创新体系的指导意见》。
[③] Carraro, C., "Environmental Technological Innovation and Diffusion: Model Analysis", *Innovation-Oriented Environmental Regulation*, Vol. 10, No. 22, 2000, pp. 269–297.

灵问题导致在过去很长一段时间里对企业绿色技术创新驱动力的研究都集中于政策和制度驱动。但符合生态文明视域的绿色技术创新概念，并非如过去一样以满足环境制度的最低要求为目标，更多的是强调企业对可预见污染的预防、控制和治理，主要体现在通过引进新产品和新工艺流程等逐步降低企业外部环境负担。① 绿色技术创新这一概念的升级，不仅提升了其内涵范畴，更强调了企业作为绿色技术创新主体的主观能动性。不难发现，生态文明视域下，单纯的强制性政策已经难以驱动新型绿色技术创新。

事实上，我国经济已经经历了相当长时间的粗放扩张型高速增长，如今进入了增速放缓的生态文明发展新阶段。随着经济增长方式的转变，与生态环境保护息息相关的各利益主体的诉求逐步由对立走向一致，曾经依靠制度压力调控的企业绿色技术创新已经逐步向市场调节靠拢，如何更好地利用政策和市场双重手段协调经济发展与环境保护的关系，将是未来很长一段时间内我国政府和企业必须面对并解决的首要问题。

本章立足这一视角，对生态文明视域下企业绿色技术创新的驱动因素和驱动路径进行了分析。与过往的研究不同，本书基于绿色技术创新的概念内涵，从企业外部和内部两个层面对绿色技术创新的驱动力进行分解，其中外部驱动因素来自制度压力，内部驱动因素来自企业对绿色技术创新的预期收益。同时还考察了企业绿色技术创新基础、高管团队断裂带和高管团队环境注意力在绿色技术创新驱动过程中的调节和中介作用，采用 Hayes 提出的

---

① 徐建中、贯君、林艳：《制度压力、高管环保意识与企业绿色创新实践——基于新制度主义理论和高阶理论视角》，《管理评论》2017 年第 9 期。

"条件过程模型"(Conditional Process Analysis)[①]对这一被中介的双重调节驱动模型进行测度,采用全新的研究范式和研究视角对企业绿色技术创新驱动机制进行研究,最后从创新驱动力和驱动路径角度出发,为提升企业绿色技术创新能力、改善区域绿色技术创新环境提供政策建议。

第一节 理论分析与研究假设

一 企业绿色技术创新驱动因素的相关研究

绿色技术创新的驱动力问题是学术界的研究热点之一。通过对Scopus数据库的检索,发现过去10年有关绿色技术创新的研究中,以绿色技术创新驱动力为研究对象的文献已经达到了总研究量的30%[②],虽然研究结论尚未达成一致,但丰富的研究从多角度出发,在深度和广度上为寻找企业绿色技术创新的驱动力提供了参考。过往研究显示,企业绿色技术行为可以分为主动式创新和被动式创新,驱动因素则应从内部和外部分别进行分析,内、外部因素共同驱动企业的被动式绿色技术创新,而主动式绿色技术创新只有内部驱动因素才能够驱动。[③]本书借鉴这一观点,从内、外两个层面分析企业绿色技术创新的原始驱动力。(从长期来看技术进步也是绿色技术创新的驱动要素之一[④],但鉴于本书所使用的样本区间时限较

[①] Hayes A. F., *Introduction to Mediation, Moderation, and Conditional Process Analysis: A Regression-based Approach*, New York: Guilford Publications, 2017.

[②] Díaz-García C., González-Moreno Á, Sáez-Martínez F. J., "Eco-innovation: Insights from a Literature Review", *Innovation*, No. 17, 2015, pp. 6 – 23.

[③] Chen Y. S., Chang C. H., Wu F. S., "Origins of Green Innovations: the Differences Between Proactive and Reactive Green Innovations", *Management Decision*, No. 50, 2012, pp. 368 – 398.

[④] 汪明月、李颖明、毛逸晖、张浩:《市场导向的绿色技术创新机理与对策研究》,《中国环境管理》2019年第11期。

短，因而不考虑技术进步对绿色技术创新的影响。)

(一) 企业绿色技术创新的外部驱动因素——制度压力

在企业绿色技术创新的外部驱动因素中，环境制度压力是最受关注的驱动因素。从利益相关者角度来看，政府是企业重要的外部利益相关者，来源于政府的制度压力必将使企业采取行动以满足其要求，即使企业自身符合社会普遍认知以及合法性要求。① 新制度主义从组织的制度环境角度，将这一制度压力分解为规制压力、规范压力和认知压力，这一分解方式恰当地解释了制度对企业行为的塑造力。②

1. 规制压力

环境制度压力下的规制压力来源于行政机构，指由国家正式颁布的与生态环境相关的具有法律约束力和强制力的法律法规和行政指令对目标企业形成的压力。只有当企业完全符合法律法规所制定的各项规章制度，才能够具备规制合法性。③ Chen 等结合制度理论和资源基础观，通过对 200 多家企业数据的分析，指出规制压力对企业绿色创新有显著的积极影响④，这代表了大部分已有研究的结论。也有研究有不同结果，如高苇等发现，环境规制强度与

---

① 赵芳、程松松：《外部压力、技术创新与企业环境表现——一个有中介的调节模型》，《学习与探索》2019 年第 6 期。

② 徐建中、贯君、林艳：《制度压力、高管环保意识与企业绿色创新实践——基于新制度主义理论和高阶理论视角》，《管理评论》2017 年第 9 期。

③ Li D., Zheng M., Cao C., et al., "The Impact of Legitimacy Pressure and Corporate Profitability on Green Innovation: Evidence from China Top 100", *Journal of Cleaner Production*, No. 141, 2017, pp. 41 – 49; Requate T., "Timing and Commitment of Environmental Policy, Adoption of New Technology, and Repercussions on R&D", *Environmental and resource Economics*, No. 31, 2005, pp. 175 – 199.

④ Chen X., Yi N., Zhang L., et al., "Does Institutional Pressure Foster Corporate Green Innovation? Evidence from China's Top 100 Companies", *Journal of Cleaner Production*, No. 188, 2018, pp. 304 – 311.

矿业绿色创新之间存在"U"形非线性关系,环境规制对矿业绿色发展的影响表现为先抑制、后促进。①

由于规制压力的强制性特征,其也是驱动企业被动型绿色技术创新行为的最主要因素。本书的研究样本企业为重污染企业,其规制压力主要由命令型节能减排指标构成②,规制压力较弱时,违规成本低,约束性差,此时企业行为以满足强制性要求最低标准为目标,缺少进行绿色技术创新动力;随着规制压力的增强,违规成本逐渐提高,企业被迫进行绿色技术创新,规制压力对企业绿色技术创新的驱动作用逐渐显现;但若规制压力强度超过适宜区,企业的环保成本就会大幅增加,成本的提高将导致企业生产效率低下,企业也无法将有限的资源继续投向绿色技术创新,绿色技术创新的发展因而受阻,此时若继续加大规制压力,必然会导致企业绿色技术创新水平下降。有鉴于此,依据上述分析结合相关文献,提出以下假设:

H6-1a:规制压力对企业绿色技术创新具有倒"U"形非线性驱动效果。

2. 规范压力

规范压力来源于场域内的其他利益相关者,包括客户和消费者、供应商或行业内组织,企业在这些利益相关者的激励之

---

① 高苇、成金华、张均:《异质性环境规制对矿业绿色发展的影响》,《中国人口·资源与环境》2018年第11期。
② 王娟茹、张渝:《环境规制、绿色技术创新意愿与绿色技术创新行为》,《科学学研究》2018年第2期。

下从规范体系、价值观中形成的共享概念和行为准则被称为规范压力。① 有关规范压力的研究数量较少，且大多结合其他理论共同分析。基于制度理论和资源基础观的研究结果显示规范压力对企业绿色创新有显著积极影响，采用结构方程的研究结果也发现规范压力对企业绿色技术创新有正向预测效果。② 在我国，随着经济的发展和科技进步，人们对美好生态环境的向往日益强烈，产品及产品生产过程中的绿色环保性正在越来越强烈的引起公众关注，过往研究表明，规范压力虽然来自非官方组织，但这些市场中的利益相关者的认同程度影响着企业生产过程中的全部环节③，裹挟着企业为了提升自身的道德合法性而主动进行绿色技术创新，因此，本书提出以下假设：

H6-1b：规范压力对企业绿色技术创新有正向驱动作用。

3. 认知压力

当前对认知压力的研究存在着争议。从合法性角度出发的研究认为，认知压力是指当特定行为被公众所熟悉并认可时，所具备的认知合法性压力④；而从企业战略反映角度出发的研究认为，认知压力对企业战略的塑造性在于在企业文化价值、风俗习惯等压

---

① Michailova S., Ang S. H., "Institutional Explanations of Cross-border Alliance Modes: The Case of Emerging Economies firms", *Management International Review*, No.48, 2008, pp.551–576.

② Liao Z., "Institutional Pressure, Knowledge Acquisition and a Firm's Environmental Innovation", *Business Strategy and the Environment*, No.27, 2018, pp.849–857.

③ 彭雪蓉、魏江：《利益相关者环保导向与企业生态创新——高管环保意识的调节作用》，《科学学研究》2015年第7期。

④ Damanpour F., "Organizational Complexity and Innovation: Developing and Testing Multiple Contingency Models", *Management Science*, No.42, 1996, pp.693–716.

力下形成的企业战略反应。① 从制度同构角度出发的研究更具普适性意义，其认为认知压力来源于个体或组织对外在环境的理解认识，当组织战略行为存在不确定性时，就会倾向主动模仿同行的成功行为。与规范压力相比，认知压力不追求共同的价值观和道德观，而是更强调企业行为的公众接受性，是在一定范围内企业自然接受的行动脚本，能够带来模仿效果。如 Escobar 和 Vredenburg 研究就发现，跨国公司在应对当地环境问题带来的认知压力时，通常会采取模仿策略。② 绿色技术创新战略是企业塑造社会责任形象的战略体现，在环境污染问题备受关注的当下，社会对企业环保意识的要求比过去任何时候都更高，为了谋求企业的可持续发展，在认知压力的作用下，企业必然会制定主动性绿色技术创新战略，由此本书提出以下假设：

H6-1c：认知压力对企业绿色技术创新有正向驱动作用。

(二) 企业绿色技术创新的内部驱动因素——预期收益

除了外部压力，内部因素也同样能够驱动企业绿色技术创新，预期收益即为企业进行绿色技术创新行为最重要的内部驱动力。③ 作为企业发展战略的制定者，高管团队会利用对成本和未来收益的认知做出绿色技术创新决策，绿色技术创新带来的收益在短期

---

① 涂智苹、宋铁波：《制度压力下企业战略反应研究述评与展望》，《外国经济与管理》2016 年第 11 期。

② Escobar L. F., Vredenburg H., "Multinational Oil Companies and the Adoption of Sustainable Development: A Resource-based and Institutional Theory Interpretation of Adoption Heterogeneity", *Journal of Business Ethics*, No. 98, 2011, pp. 39–65.

③ Montalvo C., "General Wisdom Concerning the Factors Affecting the Adoption of Cleaner Technologies: a Survey 1990–2007", *Journal of Cleaner Production*, No. 16, 2008, pp. 7–13.

内表现为经济收益,即通过绿色管理而产生的从原材料到能源再到劳动力成本的降低,同时还包括废料产品的销售以及环保相关知识产权转让所得收入①;从长期来看,企业无形收益的重要意义远大于经济收益,由绿色技术创新带来的企业竞争力的增强、社会声誉的提高以及品牌形象的塑造对企业未来的持续发展至关重要②,当企业的战略制定者关注这一发展需求,就会主动采取绿色技术创新战略,因而本书提出以下假设:

H6-2:企业对绿色技术创新的预期收益能够驱动其进行绿色技术创新活动。

二 高管团队环境注意力的中介作用与团队断裂带的调节作用

(一) 高管团队环境注意力

高管团队是企业战略的制定者,当一定强度的制度压力作用于目标企业时,企业高管团队会依据对制度压力的认知和对收益的期望给予相应的战略反馈,企业的绿色技术创新表现就是这一战略反馈的结果。也就是说,在制度压力渗透于企业的过程中,高管团队依据自身对环境的判断所作出的战略抉择实际上在制度压力和预期收益组成的驱动力组合与绿色技术创新间起到了中介效果,而实际上导致最终战略决策出现差异的根源则在于高管团队环境注意力配置的差异。目前已出现少量高管团队注意力的相关

---

① Porter M. E., Linde C., "Green and Competitive: Ending the Stalemate", *Journal of Business Administration and Policy Analysis*, No. 215, 1999, pp. 122–133.
② 张钢、张小军:《企业绿色创新战略的驱动因素:多案例比较研究》,《浙江大学学报》(人文社会科学版) 2014 年第 1 期。

文献，但尚未出现可供参考的有关高管团队环境注意力的研究。本书提出的高管团队环境注意力是指企业高管团队对与生态环境保护相关的内容赋予的关注度的大小。注意力基础观认为，组织对外部环境的认知是其注意力配置分布的充分反映，且组织的注意力如资源一样，是十分有限的[①]，因而只有组织将较多的注意力配置于绿色技术创新问题上时，才能够做出有利于绿色技术创新绩效的战略抉择，本书据此提出以下假设：

H6-3：企业高管团队环境注意力在制度压力和预期收益对企业绿色技术创新的驱动过程中起中介作用。

（二）高管团队断裂带

高管团队断裂带是指基于多个特征联合，将一个团队划分为两个以上子团队的假定分界线。[②] 过往研究证实，本土情境下的绿色技术创新过程中，高管团队断裂带可依据成因分为4种类型：包括社会分类断裂带、任务相关断裂带、社会资本断裂带和人际特征断裂带。团队断裂带会导致团队内部人员在认知和情感上的分裂，阻碍知识和信息在团队内部流动[③]，导致团队注意力的分散，而分散的团队注意力配置势必影响相关战略的制定，最终负向影响企业的绿色技术创新。在企业绿色技术创新的驱动因素中，能够驱

[①] Ocasio W., "Towards an Attention-based View of the Firm", *Strategic Management Journal*, No. 18, 1997, pp. 187-206.

[②] Lau D. C., Murnighan J. K., "Demographic Diversity and Faultlines: The Compositional Dynamics of Organizational Groups", *Academy of Management Review*, No. 23, 1998, pp. 325-340.

[③] Lau D. C., Murnighan J. K., "Demographic Diversity and Faultlines: The Compositional Dynamics of Organizational Groups", *Academy of Management Review*, 1998, No. 23, pp. 325-340.

动主动型绿色技术创新行为的因素更易受到团队断裂带的影响，包括规范压力、认知压力和预期收益。但压力性因素对企业的影响以合法性和同构特征为目标，在这一目标范围内企业高管团队的认知难以出现显著差别，但对绿色技术创新预期收益的判断则会由于成员特征属性上的差别而产生认知分歧，高强度的高管团队断裂带会导致团队内部沟通不畅，难以在相关议题上达成共识，最终阻碍预期收益对高管团队注意力的正向影响；反之亦然。有鉴于此，本书提出以下假设：

H6-4：企业高管团队断裂带强度对预期收益和高管团队环境注意力配置的关系起负向调节作用。

三　企业创新基础的调节作用

基于资源基础论和组织能力观角度，竞争优势来源于组织内部可支配的资源和能力。[①] 和所有的创新活动一样，绿色技术创新行为能否为企业带来竞争优势，一方面取决于企业可用于创新战略的资源拥有度；另一方面取决于企业进行创新的能力，资源和能力共同决定了企业的创新基础。从过往研究来看，相同的企业战略倾向会因不同企业的创新基础而产生最终创新绩效上的差别，那些创新资源拥有度高、创新能力好的企业，能够使创新战略更好地得到执行，也更容易获得较高的创新绩效。即便在相同的创新收益预期下，创新基础也是企业差异性创新结果的决定性因素。有鉴于此，本书绘制了如图6-1所示的企业绿色技术创新驱动机

---

① 钟榴、郑建国：《制度同构下的绿色管理驱动力模型与创新路径研究》，《科技进步与对策》2014年第12期。

制图，并提出以下两个假设：

H6-5：企业创新基础对高管团队环境注意力和企业绿色技术创新的关系起正向调节作用。

H6-6：企业创新基础对预期收益和企业绿色技术创新的关系起正向调节作用。

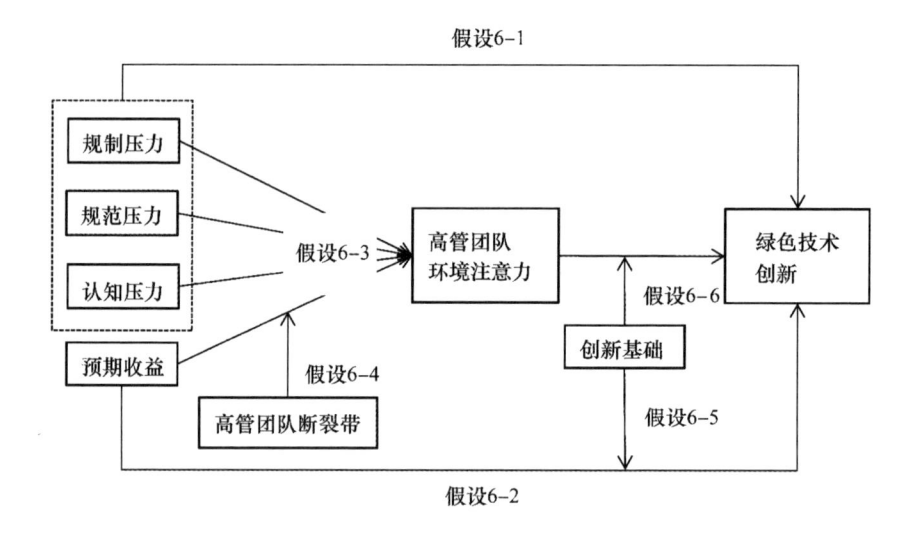

图6-1 企业绿色技术创新驱动机制理论模型

第二节 研究设计与研究方法

一 样本选择与数据来源

本书的研究样本为2013—2017年（数据所限，统计间隔为2年）我国A股上市的重污染企业。参考相关研究，对重污染行业的认定以证监会2012年颁布的《上市公司行业分类指引》，环保部在2008年颁布的《上市公司环保核查行业分类管理名录》（环办函〔2008〕373号）和2010年颁布的《上市公司环境信息披露指南》（环办函〔2010〕78号）为准，共有16类行业，包括火电、水泥、钢铁、造纸、制药、电解铝、煤炭、发酵、化工、酿造、建材、纺织、冶金、石化、制革和采矿业。

进一步对数据进行筛查，为保证其完整性，剔除连续数据低于4年以及2013年1月1日后上市的样本；为保证样本代表性，剔除ST、*ST、SST和S*ST样本；为保证团队断裂带测算精度，剔除样本期内任一统计年度高管团队规模少于7人的样本，共得到87个样本企业。

相关数据来自各地方统计年鉴和《中国城市统计年鉴》，绿色技术创新数据和高管团队成员背景特征数据来自国泰安（CSMAR）数据库、WIND数据库和企业年报，年报由公开渠道获得。数据的基础处理利用EXCEL 2013完成，条件过程模型的估计和检验通过Process3.1 for SPSS.21实现。

二 变量定义与测度

（一）因变量：绿色技术创新（GTI）

当前对绿色技术创新指标的定义，方式有很多。比较典型是利用专利授权情况作为企业绿色技术创新能力的代理变量[1]，也有研究为了避免专利授权带来的时滞问题，选择以研发投入替代专利授权数量。[2] 就本书样本企业而言，重污染行业在生产实践

---

[1] 董直庆、王辉：《环境规制的"本地—邻地"绿色技术进步效应》，《中国工业经济》2019年第1期。
[2] 邝嫦娥、路江林：《环境规制对绿色技术创新的影响研究——来自湖南省的证据》，《经济经纬》2019年第2期。

中,绿色技术创新贯穿于生产全过程,因而结合过往研究的经验,选择以研发投入和能源消耗量的比值测度企业绿色技术创新能力。[1]

(二) 自变量

1. 规制压力(RP)

现有研究对规制压力的测量大多倾向于测量强制型压力,采用的测量方式主要是单位 GDP 能耗[2],另有部分研究选择了环境治理投资数额以及市辖区建成区绿化覆盖率代表规制压力。[3] 考虑到规制压力中除了强制型压力外,还有鼓励型压力和扶持型压力,因此采用加权方式对三种类型规制压力赋以差额权重(以单位 GDP 能耗代表强制型压力,以政府补贴代表鼓励性压力,以专项扶持基金数额代表扶持型压力),使得三种压力共同组成规制压力指数。

2. 规范压力(NP)

除政府机构外的其他非正式机构、组织和个人都有可能会对企业施以规范压力。对于重污染企业来说,规范压力会伴随着上下游客户、属地居民、区域性生态环境组织的环保意识提升而增强。据此,选择上海交通大学民意与舆情调查研究中心发布的《中国城市居民环保态度蓝皮书》中对环保意识测评结果测量企业面临的规范压力,该调查是基于我国 34 个主要城市调研所得,

---

[1] 王锋正、陈方圆:《董事会治理、环境规制与绿色技术创新——基于我国重污染行业上市公司的实证检验》,《科学学研究》2018 年第 2 期。

[2] 余伟、陈强、陈华:《环境规制、技术创新与经营绩效——基于 37 个工业行业的实证分析》,《科研管理》2017 年第 2 期。

[3] 谭德庆、商丽娜:《制造业升级视角下环境规制对区域绿色创新能力的影响研究》,《学术论坛》2018 年第 2 期;李敬子、毛艳华、蔡敏容:《城市服务业对工业发展是否具有溢出效应?》,《财经研究》2015 年第 12 期。

对于处于非调研城市的重污染企业，选择其省会城市数据作为替代。

3. 认知压力（CP）

基于制度同构角度，模仿行为是认知压力的主要成因。地区行业中的领袖企业会起到绿色技术创新示范作用，其他企业因此产生模仿压力。本书按"国际专利分类绿色清单"统计企业绿色技术专利数量，进而选择每个企业所处地区的行业领袖，将其认知压力定义为0，进一步对其他企业认知压力进行标准化处理，得到企业绿色技术创新的认知压力指数。

4. 预期收益（PY）

对绿色技术创新带来的收益的预判是企业进行绿色技术创新行为的重要推动力之一。企业对于预期收益多寡的判定直接体现在对目标行为的先期投入，然而重污染企业的绿色技术创新投入无法从总投入中区分，但注意到重污染企业进行的创新活动大多与节能减排和提高生产率相关[①]，因此以企业全部研发投入的自然对数代表其对绿色技术创新战略的预期收益。

（三）中介变量：高管团队环境注意力（TEA）

过往研究大多采用自动文本分析法测量团队注意力配置，与这些研究一致，本书以样本企业年报为基础，利用文本分析软件 Text Statistics Analyzer 分词，采用霍斯提（Holsti）一致性公式保证所选关键词的信度，关键词选择包括"环保、生态、低碳、环境、绿色、清洁、净化、污染、治理、废气、废水"等一系列与生态环

---

① 姜宇涵、罗杨梅、恽瑞丽：《汽车制造企业绿色创新投入与财务绩效的相关性研究》，《财务与金融》2018年第1期。

境相关词汇，提取关键词后，经由人工分析语句内容，确保其能够代表企业环境注意力方向，剔除无关语句，最终形成关键词词频统计表。

(四) 调节变量

1. 高管团队断裂带 (TF)

高管团队断裂带可分为 4 种类型，分别是社会分类、任务相关、社会资本和本土情境下的人际特征断裂带，基于团队成员背景属性特征，利用 Lau 和 Murnighan[①] 提出的"二分模式"计算高管团队断裂带强度，具体计算方法为：

$$Fau_g = \frac{\sum_{j=1}^{q}\sum_{k=1}^{2}n_k^g(\bar{x}_{jk}-\bar{x}_j)^2}{\sum_{j=1}^{q}\sum_{k=1}^{2}\sum_{i=1}^{n_k^g}(x_{ijk}-\bar{x}_j)^2} \quad g=1,2,3,\cdots,s$$

其中，g 为断裂带分类方式，q 为被考察特征属性总数，s 为全部断裂带类型数量，n_k^g 为第 g 种分类方式下子团队 k 的成员数，$\bar{x}_{jk}$ 为第 k 个子团队中第 j 种属性的均值，$\bar{x}_j$ 表示整个团队中特征属性 j 的均值，x_{ijk} 表示第 k 个子团队中成员 i 的属性 j 的取值。高管团队断裂带总强度为 $\sum_{g=1}^{s} Fau_g$。

2. 创新基础 (IB)

创新基础由创新资源和创新能力决定，运用三阶段数据包络分析方法 (Three-stage DEA)，将企业的内部和外部创新资源作

---

① Lau D. C., Murnighan J. K., "Demographic Diversity and Faultlines: The Compositional Dynamics of Organizational Groups", *Academy of Management Review*, No. 23, 1998, pp. 325 – 340.

为投入要素（内部资源包括科研人员数量，研发投入和新增固定资产投资额；外部资源为政府补贴和税收优惠），以专利数量作为产出要素，测算样本企业在排除环境和机会因素下的创新基础指数。

（五）控制变量

借鉴已有的研究，发现企业规模（$SIZE$）和所有权性质（NPR）对企业绿色技术创新能力有显著影响[1]，因此选择这两个变量作为控制变量。

第三节 假设检验与分析

一 描述性统计分析和相关分析

研究中所涉及的各主要变量的描述性统计结果和相关性分析结果如表6-1所示（所有变量均经过标准化处理）。通过表6-1中的描述性统计分析部分能够看出，因变量绿色技术创新在样本区间内均值为0.243，说明重污染企业绿色技术创新仍有较大提升空间。

绿色技术创新数据（标准差为0.120）在样本区间内表现出一定的离散性，有利于提升后续研究的代表性。纵观全部变量，在数据差异性上均表现良好，其中差异性最大的变量为企业规模，说明样本企业规模相差较大，增强了实证结论的普适性。

---

[1] 赵芳、程松松：《外部压力、技术创新与企业环境表现——一个有中介的调节模型》，《学习与探索》2019年第6期。

表6-1　　　　　　　　变量的描述性统计分析结果

变量	GTI	RP	NP	CP	PY	TEA	TF	IB	SIZE	NPR
Mean	0.243	0.293	0.13	0.214	0.14	0.025	0.241	0.334	0.122	0.543
SD	0.120	0.052	0.036	0.045	0.324	0.841	0.036	0.294	0.596	0.095

从表6-2的相关性分析结果能够发现，绿色技术创新与大部分主要变量间存在显著相关关系，这些相关关系的存在为后续绿色技术创新机制的实证研究奠定了基础。值得关注的是，所有主要变量中，唯有高管团队断裂带与绿色技术创新负相关，这为断裂带的负向驱动调节作用提供了一定程度的佐证。主要变量相关系数均未超过多重共线性问题发生阈值，因此可以进一步推进至假设检验。

表6-2　　　　　　　　变量的相关分析结果

变量	GTI	RP	NP	CP	ER	TEA	TF	IB	SIZE	NPR
GTI	1									
RP	0.322*	1								
NP	0.850	0.032*	1							
CP	0.036**	-0.028*	0.241	1						
PY	0.003	-0.134	-0.034*	0.023	1					
TEA	0.085*	0.394	-0.003	0.213*	0.032	1				
TF	-0.140*	-0.238	0.026*	-0.148*	0.050**	0.052*	1			
IB	0.023**	0.379	0.052	0.011	0.030	0.003	0.002	1		
SIZE	0.037	-0.138*	0.001**	-0.042*	-0.030	0.048	-0.394	0.039	1	
NPR	-0.018*	0.038	0.021*	0.08	-0.032	0.023*	0.024*	-0.324*	0.230	1

注：** 和 * 分别表示 $p<0.01$，$p<0.05$。

二　企业绿色技术创新机制的假设检验

如图6-1的驱动机制示意图所示，企业绿色技术创新战略和行为的原始驱动力包括两个主要部分,分别是制度压力和预期收益,而正如前文的分析,分解后的制度压力并非每一项都会单独驱动企业绿色技术创新,而是以高管团队注意力为驱动中介组成驱动路径,这一变量间的关系结构不符合一般被调节中介模型的要求,因而利用 Hayes 等人提出的条件过程模型的两个步骤对绿色技术创新的驱动机制进行分析。

(一) 中介效应检验

基于本书特征和变量间的关系结构,在控制企业年龄和产权性质的前提下,采用 Hayes 条件过程模型中的简单中介模型 model-4 对高管团队环境注意力在制度压力和预期收益驱动企业绿色技术创新过程中的中介效应进行检验。[1] 中介检验采用偏差矫正的非参数百分位 Bootstrap 检验法[2],重复 5000 次抽样,检验结果 (如表 6-3 所示) 表明,规制压力与企业绿色技术创新间不存在显著的线性相关关系 ($coeff = 0.04$,$SE = 0.03$),而是存在倒"U"形的非线性关系 ($coeff = 0.06$,$SE = 0.02$),假设 H6-1a 得到验证。

此外,预期收益和认知压力均对企业绿色技术创新有显著正向影响 ($coeff = 0.12$,$SE = 0.03$,$p < 0.05$;$coeff = 0.16$,$SE = 0.04$,$p < 0.05$),假设 H6-1c 和假设 H6-2 得到验证。加入中介变量后,规范压力对绿色技术创新的显著正向影响也显著成立 ($coeff = 0.09$,$SE = 0.03$,$p < 0.05$),虽然规范压力对团队注意力的预测作用不显著 ($coeff = 0.07$,$SE = 0.04$,$p > 0.05$),但在模型 3 (M_3) 中

---

[1] Preacher K. J., Hayes A. F., "SPSS and SAS Procedures for Estimating Indirect Effects in Simple Mediation Models", *Behavior Research Methods, Instruments & Computers*, No. 36, 2004, pp. 717-731.

[2] 温忠麟、叶宝娟:《有调节的中介模型检验方法:竞争还是替补?》,《心理学报》2014 年第 5 期。

其显著性与模型 1（M_1）一致（$coeff = 0.09$，$SE = 0.03$，$p < 0.05$），根据相关研究，能够初步认定高管团队环境注意力在制度压力与企业绿色技术创新间起到中介作用。

进一步的研究发现，Bootstrap95% 置信区间的上、下限均不包含 0，这说明高管团队环境注意力的中介效应显著，即制度压力中的规制压力和认知压力能够直接影响企业绿色技术创新，而制度压力的所有分解压力以及预期收益能够以高管团队环境注意力为中介间接影响企业绿色技术创新，由此，假设 H6-1 至假设 H6-3 均得到验证。

表 6-3　　　　　　　　高管团队注意力的中介效应检验

变量	GTI（M_1）		TEA（M_2）		GTI（M_3）	
	coeff	SE	coeff	SE	coeff	SE
PY	0.12*	0.03	0.11*	0.04	0.10*	0.04
RP	0.04	0.03	0.03	0.02	0.02	0.01
RP^2	0.06*	0.02	0.07	0.03	0.09*	0.03
NP	0.09	0.04	0.08*	0.03	0.09*	0.03
CP	0.16*	0.04	0.14*	0.04	0.11*	0.03
TEA					0.13*	0.04
E_AGE	0.06*	0.02	0.07	0.03	0.05*	0.02
NPR	-0.07	0.03	0.18*	0.03	-0.05	0.03
R^2	0.13		0.18		0.15	
F	31.32*		34.68*		32.90*	

注：* 表示 $p < 0.05$。

(二) 调节效应检验

对调节效应的检验利用了 Process3.1 for SPSS.21 中基于

Model-28设置的自定义模型。Model-28假设中介模型存在两个调节变量，中介效应的前半段受到调节变量1的调节，中介效应的后半段及直接效应受到调节变量2的调节，这一模型与本书的理论模型基本一致，但本书存在多个自变量，且调节路径与其有所差别。

因此，仍控制企业年龄和所有权性质，具体调节效应检验结果如表6-4所示。在模型4中（M_4），调节变量高管团队断裂带与企业环境注意力呈显著负相关关系（$coeff = -0.15$，$p < 0.05$），其与预期收益的乘积项显著（$coeff = -0.21$，$p < 0.05$），说明高管团队断裂带对高管环境注意力的负向调节作用更强，假设H6-4得到验证。

模型5（M_5）是对企业创新基础调节作用的检验模型，通过估计结果能够看出，创新基础能够正向调节规范压力和认知压力对企业绿色技术创新的驱动能力（$coeff = 0.03$，$p < 0.05$，$coeff = 0.07$，$p < 0.05$），同时，高管团队环境注意力与企业创新基础的交互项显著（$coeff = -0.19$，$p < 0.05$），说明企业创新基础不仅对中介效应的后半段有调节作用，也对制度压力对绿色技术创新的直接效应有正向影响。

表6-4　高管团队断裂带和企业创新基础的调节效应检验

变量	TEA (M_4)			GTI (M_5)		
	coeff	SE	p	coeff	SE	p
PY	0.18*	0.04	$p < 0.05$	0.12*	0.04	$p < 0.05$
RP^2	0.28*	0.03	$p < 0.05$	0.17*	0.03	$p < 0.05$
NP	0.06	0.04	0.23	0.05*	0.02	$p < 0.05$
CP	0.13*	0.05	$p < 0.05$	0.11*	0.04	$p < 0.05$

续表

变量	TEA (M_4)			GTI (M_5)		
	coeff	SE	p	coeff	SE	p
TEA				0.09	0.04	0.07
TF	-0.15*	0.04	$p<0.05$			
IB				0.06	0.04	0.46
PY×TF	-0.21*	0.02	$p<0.05$			
IB×RP²				0.02	0.01	$p<0.05$
IB×NP				0.03*	0.01	0.32
IB×CP				0.07*	0.01	$p<0.05$
TEA×IB				0.19*	0.02	$p<0.05$
E_AGE	0.03	0.02	0.21	0.02	0.02	0.44
NPR	-0.08	0.04	0.68	-0.03	0.01	$p<0.05$
R^2	0.36			0.59		
F	72.40*			89.33*		

注：*表示$p<0.05$。

为了更直观地展示企业绿色技术创新驱动机制的条件过程模型，区分不同高管团队断裂带强度水平对驱动机制的影响，绘制如图6-2所示的简单斜率分析图。通过图6-2能够看出，高管团队断裂带强度的高低并不影响预期收益与企业绿色技术创新间的正相关关系，但是高强度的高管团队断裂带会削弱预期收益对企业绿色技术创新的促进作用，这一削弱作用随着高管团队断裂带强度的降低而逐渐减小。

图6-3展示的是企业不同水平的创新基础在高管团队环境注意力与企业绿色技术创新间的调节作用。能够看出，创新基础的高低并不能决定高管团队环境注意力对企业绿色技术创新的正向

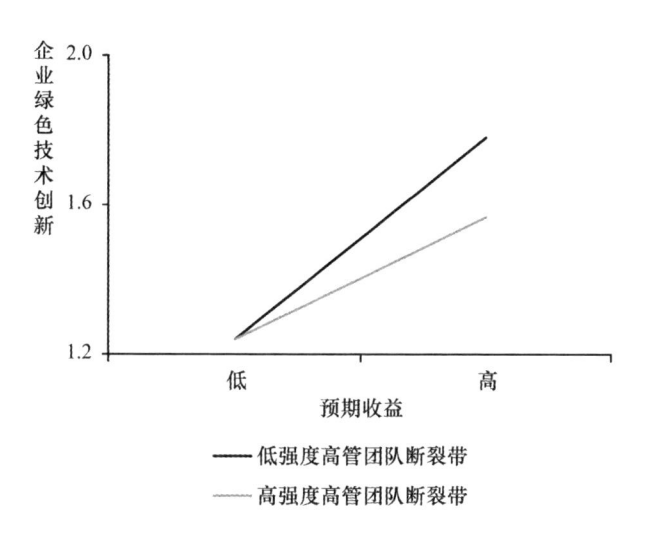

图 6-2　高管团队断裂带在预期收益与企业绿色技术创新间的调节作用

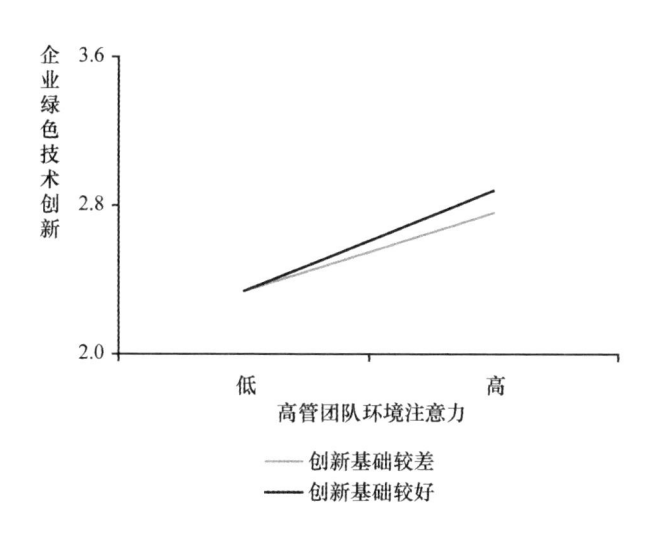

图 6-3　企业创新基础在高管团队环境注意力与企业
　　　　绿色技术创新间的调节作用

影响，但是相对来说，好的创新基础能够正向促进高管团队环境注意力对企业绿色技术创新的影响，随着创新基础变差，虽然高管团队环境注意力仍会促进企业绿色技术创新,但是创新基础的正向调节作用会相应减弱。

三 稳健性检验

为了保证研究结论的可靠性,对实证分析部分进行以下稳健性检验:一是考虑到部分研究认为,高管团队断裂带并非总对团队结果有负向影响,因此用任务相关型和社会资本型断裂带强度替代文中高管团队断裂带总体强度进行检验,结果一致。二是考虑到模型可能存在的内生性问题,用市辖区建成区绿化面积作为规制压力的工具变量对模型进行自定义模型下的条件过程回归,结果一致。

第四节 本章小结

一 企业绿色技术创新的驱动力和驱动路径

第一,企业绿色技术创新的驱动力组合包括内部驱动和外部驱动两方面,驱动着主动型和被动型两种企业绿色技术创新战略形成。外部驱动因素表现为环境制度压力,涵盖企业外部环境中遭遇的规制压力、规范压力和认知压力;内部驱动因素来自生态文明情境下企业对竞争力提升和可持续发展的渴求,表现为企业对绿色技术创新的预期收益。驱动力组合对绿色技术创新的驱动路径有两条:一条是直接驱动路径;另一条是以企业高管团队环境注意力为中介的间接驱动路径。规制压力所代表的强制性、鼓励性和扶持性环境政策是企业实施绿色技术创新行为的底线,是被动型绿色技术创新战略的最重要缘由,而规范压力、认知压力和预期收益则吸引企业制定主动绿色技术创新战略。

第二，规制压力、规范压力和认知压力三者协同作用，才能够从根本上提升企业绿色技术创新能力。从制度压力角度来看，规制压力对绿色技术创新的影响为倒"U"形，即一味提升强制性环境政策指标或提高鼓励标准并不能有效促进绿色技术创新，规制压力的作用需要配合强度均衡的规范压力和认知压力，而这两种压力都来源于非政府机构，这说明提升全民环境保护意识、营造良好的绿色技术创新氛围至关重要。因此在实践中，地方政府在注重法律法规建设的同时，更应注重面向大众的环保知识普及和环保信息宣传，目的在于增强规范压力水平。从认知压力角度来看，则应更多的树立行业或区域绿色技术创新典范，发挥带头企业的示范作用，带动区域内企业进行绿色技术创新行为的模仿，这不仅能够提升这些企业的绿色技术创新能力，也能够使龙头企业迫于被模仿压力而更主动的进行绿色技术创新。事实上，根据国外绿色创新的发展经验，随着经济社会的不断进步，规制压力势必逐步淡化，规范压力和认知压力将促使企业绿色技术创新最终转变为市场导向型行为。

第三，提高企业对绿色技术创新的预期收益，是促使企业实施绿色技术创新战略的有效途径。企业对绿色技术创新的预期收益不仅是对经济利益的预期，也是对长期竞争力的提升和可持续发展的追求。因此，要提升企业对绿色技术创新战略的预期收益，除了要宣传、鼓励公众选择环保低碳商品，还应建立系统的企业绿色技术创新生态长效机制作为配套服务措施，尤其要引入绿色投资和绿色金融通道，设立绿色技术创新服务平台，助力企业通过绿色技术创新树立品牌形象，建立自我约束自我完善的绿色发展路径。

二 企业绿色技术创新驱动机制中的中介和调节因素

第一,高管团队环境注意力在制度压力和预期收益对企业绿色技术创新驱动中起到重要的中介作用。如前文实证部分所示,规范压力对绿色技术创新无直接影响,但在高管团队环境注意力的中介效应下,规范压力对企业绿色技术创新产生了间接影响。这表明,制度压力和预期收益对绿色技术创新能力的提升,均要受到企业高管团队环境注意力配置的影响。而团队的注意力是有限的,其注意力配置是团队将主要资源和工作重点置于何种议题的完全体现,因此要驱动企业绿色技术创新战略形成,必须着重注意高管团队环保意识的提升,只有提升了高管团队成员对环保相关议题的关注,才能够增强团队的环境注意力,而改善高管团队的环境注意力,对绿色技术创新驱动机制的影响是显著且意义深远的。

第二,团队注意力是一个新兴研究领域,相关文献较少,本书通过理论推演引入高管团队注意力作为中介变量,同时发现高管团队断裂带是团队注意力的一个重要调节因素,企业高管团队断裂带会妨碍预期收益对高管团队环境注意力的正向影响。有鉴于此,为尽快提升区域内企业的绿色技术创新能力,地方政府应有侧重的扶持那些高管团队成员在特征属性上相差较小的企业,与其他企业相比,这些企业高管团队注意力配置集中,因此团队执行力更强,绿色技术创新能力提升的潜力也更大。

第三,企业的创新基础涵盖了企业拥有的创新资源和具备的创新能力。通过研究发现,创新基础在绿色技术创新驱动机制中通过两条路径对绿色技术创新产生影响，一是促进高管团队环境注意力对绿色技术创新的正向影响；二是促进制度压力对企业绿色技术创新的正向影响（通过对规范压力和认知压力对绿色技术创新影响的调节实现）。这一结论说明同样的制度压力和高管团队注意力下，创新基础更好的企业将表现出更优秀的绿色技术创新绩效，因此，提升绿色技术创新，必须要注重企业创新基础的培养，在资金、人员和创新技术交流上给予大力支持，让企业能够以良好的创新基础为载体，在特定制度压力下，利用提高管理团队人员环保素养来达到提升企业绿色技术创新能力的目标。

第七章 区域企业绿色技术创新环境评估

如何在发展经济的同时,降低环境污染,修复破损的生态系统,这是每个国家都必须面对和解决的首要问题。保护环境就是保护生产力,改善环境就是发展生产力,这是生态文明建设的根本要义,也是当前我国生态环境与生产力之间关系的真实体现。

创新是引领绿色发展的第一动力,也是建设符合我国生态文明发展要求经济体系的重要战略支撑。绿色技术创新以助推绿色发展为核心目标,通过引进新的产品、工艺、服务和管理等方式,减少对自然资源的消耗、降低对生态环境的损害并提高市场资源配置效率,能够为我国经济高质量发展提供动力支持和最优实现路径。因此,就区域经济发展而言,提升绿色技术创新能力,是其实现可持续发展的根本方式。

企业是绿色技术创新的主体。是否参与绿色技术创新行为,取决于企业的异质性战略抉择。短期来看,绿色技术创新存在"双重外部性",往往导致企业在大量成本投入后,无法在短期内获取相应收益,甚至成为企业的运营负担。长期来看,绿色技术创新能够帮助企业树立口碑,塑造核心竞争力,提升企业可持续发展能力。此时，在企业的战略选择过程中，区域绿色技术创新环境就发挥着至关重要的作用。探寻和识别区域的绿色技术创新环境成熟度，对提升区域内企业绿色技术创新意愿，增强绿色技术创新绩效，尽快实现绿色技术创新由规制主导转向市场主导，均有深远的意义。

本章基于这一视角，在已有研究的基础上构造了包含政策环境、经济环境、社会环境和创新环境四个维度的区域绿色技术创新成熟度评价指标体系，采用熵权法结合云模型对我国各主要省市地区的绿色技术创新成熟度进行评价，并根据云模型评价结果提出改进和完善的方向，为相应区域提升绿色技术创新能力，增强经济可持续发展水平提供借鉴和参考。

第一节 理论分析与推演

20世纪80年代后，由于世界各国经济的快速发展及自然资源的短缺，生态环境严重恶化，绿色技术逐渐引起学术界和各国政府的广泛关注。由于绿色技术创新存在高投入、周期长、风险大的特征，这就决定了其主要驱动要素集中于外部环境。[1]

一 绿色政策强度对绿色技术创新的影响

区域绿色政策对绿色技术创新的影响是绿色技术创新研究中最为热点的研究领域。企业的绿色技术创新依赖于两类绿色政策，一是环境规制，用以纠正环境外部性；二是科技政策，用以纠正技

---

[1] Lin Y., Chen Y., "Determinants of Green Competitive Advantage: the Roles of Green Knowledge Sharing, Green Dynamic Capabilities, and Green service Innovation", *Quality & Quantity*, Vol. 51, No. 4, 2017, pp. 1663 – 1685；李楠博：《环境规制与企业绿色技术创新——一个条件过程分析》，《内蒙古社会科学》（汉文版）2019年第6期。

术市场的失灵。① 其中，环境规制的效果显著优于科技政策的效果，是企业绿色技术创新行为的最重要外部影响因素。② 纵观已有研究也能够发现，大多数绿色技术创新影响因素的研究均集中于环境政策对绿色技术创新影响的研究。在新制度经济学视角下，环境政策压力可以划分为规制压力、规范压力和认知压力。基于规制工具异质性视角的研究则将环境政策划分为命令型政策、市场型政策和引导型政策。③ 事实上，无论哪种划分标准，均说明与绿色技术创新相关的环境政策的强制性、鼓励性和引导性特征。在我国，针对环境政策的研究多为结果量化型研究，利用污染物排放量④、污染治理费用⑤、环境税⑥及污染治理成效⑦对环境政策及政策效果进行分析，区域内的环境政策显然已经是企业绿色技术创新行为的最重要风向标。

二　经济发展质量对绿色技术创新的影响

环境规制是绿色技术创新的重要软环境，而创新基础设施建设水平则决定了绿色技术创新的硬环境。改革开放后，我国经济经

---

① 王班班：《环境政策与技术创新研究述评》，《经济评论》2017年第4期。
② Yuan B., Xiang Q., "Environmental Regulation, Industrial Innovation and Green Development of Chinese Manufacturing: Based on an Extended CDM model", *Journal of Cleaner Production*, No. 12, 2018, pp. 895 – 908.
③ 颜青、殷宝庆：《环境规制工具对绿色技术进步的差异性影响》，《科技管理研究》2020年第12期。
④ 闫莹、孙亚蓉、耿宇宁：《环境规制政策下创新驱动工业绿色发展的实证研究——基于扩展的CDM方法》，《经济问题》2020年第8期。
⑤ 尹庆民、顾玉铃：《环境规制对绿色经济效率影响的门槛模型分析——基于产业结构的交互效应》，《工业技术经济》2020年第8期。
⑥ 田翠香：《环境税影响企业绿色技术创新的主从博弈分析》，《财经问题研究》2020年第9期。
⑦ 傅京燕、李丽莎：《环境规制、要素禀赋与产业国际竞争力的实证研究——基于中国制造业的面板数据》，《管理世界》2010年第10期。

历了准备成长期和迅速成长期，正在逐步进入经济高质量增长阶段，经济增长质量提高和经济协调发展水平的改善是当前发展阶段的主要特征。① 已有研究已经验证，绿色技术创新是高质量的经济发展的重要驱动因素，进一步的研究发现，经济高质量发展水平也是持续推进绿色技术创新的重要基石。也有研究发现，从宏观角度来看，高的区域经济的开放度对企业绿色技术创新行为有显著正向影响②；从微观角度来看，由于绿色技术创新的双重外部性，导致大部分创新企业都长期处于资金匮乏状态中，绿色金融在企业绿色技术创新过程中的作用因此格外重要。③ 虽然当前绿色技术创新的相关研究已经较多，但针对经济发展对企业绿色金融影响的研究还很少，且大部分研究考察视角都比较单一，鲜有系统性考察区域经济发展、绿色金融和经济自由度的研究，而事实上，这三者是区域经济促进企业绿色技术创新发展过程中缺一不可的完整要素构成体系。

三 社会进步程度对绿色技术创新的影响

从利益相关者角度来看，社会公众是企业最重要的外部环境利益相关者④，且与绿色技术创新间存在着相互影响的作用机制。一方面，绿色技术创新能够为公众提供更加良好的生存和居住环境；另一方面，社会公众逐步提升的环保意识所带来的社会进步也直接影

---

① 王锋、王瑞琦：《中国经济高质量发展研究进展》，《当代经济管理》2021年第2期。
② Nesta Lionel, et al., "Environmental Policies, Product Market Regulation and Innovation in Renewable Energy", *Documents De Travail De Lofce*, Vol. 234, No. 6, 2012, pp. 120–141.
③ 安国俊：《绿色金融推动绿色技术创新的国际比较及借鉴》，《银行家》2019年第3期。
④ Li F., Ding D. Z., "The Effect of Institutional Isomorphic Pressure on the Internationalization of Firms in an Emerging Economy: Evidence from China", *Asia Pacific Business Review*, Vol. 19, No. 4, 2013, pp. 506–525.

响着企业的绿色技术创新行为。① 已有研究证明，社会对产品的绿色化需求能够显著提升企业绿色化技术创新战略的实施②，供应商以及竞争者造成的环保压力也对企业绿色技术创新战略有正向影响③，进一步的研究则发现社会进步程度是敦促企业进行主动型绿色技术创新的重要因素。④ 伴随着社会经济发展，社会进步程度逐步提升，公众对生态环境愈加重视，环保意识的提升、绿色生活方式的建立及媒体的监督都是倒逼企业（产业）绿色技术创新行为的重要推动力。

四　创新能力对绿色技术创新的影响

创新能力的研究早期集中于对微观个体的创新能力分析，随着研究的深入，对行业层面和区域层面的研究逐步展开，如针对国家层面的研究指出创新能力是国家创新系统的主要动力来源且在不同发展水平的国家有所差异⑤，且创新能力具有典型的动态属性。⑥ 基于企业角度的研究发现企业想要发展自身、引领市场，创新能力是其最重要的潜在特质⑦，通过找寻机会，整合创新资

---

① 彭雪蓉、魏江：《利益相关者环保导向与企业生态创新——高管环保意识的调节作用》，《科学学研究》2015 年第 7 期。

② Tsai K. H., Liao Y. C., "Innovation Capacity and the Implementation of Eco-innovation: Toward a Contingency Perspective", *Business Strategy and the Environment*, Vol. 26, No. 7, 2017, p. 1.

③ 曹洪军、陈泽文：《内外环境对企业绿色创新战略的驱动效应——高管环保意识的调节作用》，《南开管理评论》2017 年第 6 期。

④ 袁文融、杨震宁：《主动还是被动：企业环保战略与绿色技术创新》，《技术经济》2020 年第 7 期。

⑤ Natera C. J. M., "The Dynamics of National Innovation Systems: A Panel Cointegration Analysis of the Coevolution Between Innovative Capability and Absorptive Capacity", *Research Policy*, Vol. 42, No. 3, 2013, p. 2.

⑥ 苏敬勤、马欢、张帅：《中小制造企业技术创新能力演化机理研究》，《科学学研究》2020 年 10 月。

⑦ 周莉、许佳慧：《创业投资对企业技术创新能力的影响》，《山西财经大学学报》2020 年 12 月。

源，引入适宜的学习机制，能够取得创新能力的跨越式前进。① 基于区域角度的研究发现，区域创新系统中由专家组织和外部资源组成的信息源对创新能力提升起到决定性作用②，且区域创新能力的演进通常需要经历多个阶段才能从常规生产进入先进创新中。③ 纵观已有相关能够看出，微观层面的研究强调创新资源整合的重要性，而宏观角度的研究则更多地强调内部或外部的专业信息服务，这说明区域性创新能力的演进过程中人力资本的重要性。

第二节　区域绿色技术创新环境成熟度评价指标体系的构建思路

一　要素解构

GREMI（欧洲创新环境小组）认为，能够促进和诱发创新行为的外部环境要素构成了区域创新环境，借鉴该理论并结合绿色技术创新的相关研究，本书以区域绿色技术创新环境为目标层，以政策、经济社会和创新为一级指标，基于创新环境相关理论，围绕绿色技术创新定义及内涵，遵循指标选取的科学性、合理性、非冗余性和可得性等原则，依据相关理论及前人研究经验，通过评价指标的海选、初选、补充剔除、专家评价四个步骤，构建了

---

① Hansen U. E., Ockwell D., "Learning and Technological Capability Building in Emerging Economies: The Case of the Biomass Power Equipment Industry in Malaysia", *Technovation*, Vol. 34, No. 10, 2014, pp. 617 – 630.

② Yam R. C. M., Lo W., Tang E. P. Y. et al., "Analysis of Sources of Innovation, Technological Innovation Capabilities, and Performance: An Empirical Study of Hong Kong Manufacturing Industries", *Research Policy*, Vol. 40, No. 3, 2011, pp. 391 – 402.

③ Dutrénit G., Natera J. M., Puchet A. M. et al., "Development Profiles and Accumulation of Technological Capabilities in Latin America", *Technological Forecasting and Social Change*, Vol. 145, 2019, pp. 396 – 412.

共包含 8 个二级指标和 15 个三级指标的区域绿色技术创新环境成熟度评价指标体系。具体指标及量化情况如表 7-1 所示。

表 7-1　区域绿色技术创新环境成熟度评价指标体系

目标层	一级指标	二级指标	三级指标	指标说明	单位
绿色技术创新环境成熟度	政策环境（A）	绿色政策强度（A1）	工业废水处置率（A11）	工业废水排放量/工业废水处理量	%
			工业废气处置率（A12）	工业废气排放量/工业废气处理量	%
			工业固体废物综合处置率（A13）	一般工业固体废物产生量/一般工业固体废物处理量	%
		绿色政策支持度（A2）	资金投入（A21）	环境污染治理投资/GDP	%
			其他环境投入（A22）	造林总面积/人口总数	%
	经济环境（B）	经济发达度（B1）	经济发展及城镇化水平（B11）	夜间灯光指数	—
		经济发展绿色化水平（B2）	绿色要素市场发育程度（B21）	绿色全要素生产率	—
			经济开放度（B22）	经济开放度指数	—
			绿色金融发展（B23）	绿色信贷余额	亿元
	社会环境（C）	舆论环境（C1）	媒体监督（C11）	媒体监督指数	—
		公众环保意识（C2）	公众环保水平（C21）	人均环保机构数量	个
			绿色生活消费（C22）	人均生活消费能源节约率	%
	创新环境（D）	创新人才（D1）	人才支撑（D11）	区域 R&D 人员全时当量	人年
		创新基础（D2）	创新机构（D21）	高校和科研机构总量	个
			创新水平（D22）	财政支出中研发投入占比	%

二 指标设计

政策环境是区域绿色技术创新环境体系内最重要的维度指标，早期研究中，对环境政策的量化多使用单一污染治理费用测度法[①]，但由于其存在变量内生性问题，逐渐被更具统计意义的多维度政策强度测量法所取代。[②] 在前人研究的基础上，本书依据数据可得性和可靠性原则，将政策环境分为绿色政策强度和绿色政策支持度两个维度，全面考察了区域绿色政策的导向及执行效果。绿色政策强度中，政策量化方法借鉴了周杰琦和梁文光[③]的研究并加以改进，引入工业废水处置率（A11）、工业废气处置率（A12）和工业固体废物综合处置率（A13）三个指标综合表达绿色政策强度。绿色政策支持度用绿色资金投入（A21）和其他投入（A22）对政策引导性特征加以表达（为修正指标可能存在的公众期望偏差，利用区域人均实际 GDP 对各指标进行调整），二者综合成为区域政策环境指数。

经济环境由两个主要维度构成：一是区域经济发达度；二是区域经济发展的绿色化水平。区域绿色技术创新环境成熟度评价指标体系中，采用 DMSP/OLS 夜间灯光指数数据，综合表征区域经济的发展及城镇化水平（B11）。经济发展绿色化水平由绿色要素

[①] Czyewski B., Matuszczak A., Kryszak U. et al., "Efficiency of the EU Environmental Policy in Struggling with Fine Particulate Matter (PM 2.5): How Agriculture Makes a Difference?", *Sustainability*, Vol. 11, No. 18, 2019, p. 4984.

[②] Nick, Johnstone, Ivan et al., "Erratum to: Renewable Energy Policies and Technological Innovation: Evidence Based on Patent Counts", *Environmental & Resource Economics*, Vol. 68, No. 2, 2017, p. 3；田红彬、郝雯雯：《FDI、环境规制与绿色创新效率》，《中国软科学》2020 年第 8 期。

[③] 周杰琦、梁文光：《环境规制能否有效驱动高质量发展？——基于人力资本视角的理论与经验分析》，《北京理工大学学报》（社会科学版）2020 年第 5 期。

市场发育程度（B21）、经济开放度（B22）和绿色金融发展程度（B23）表征。其中，绿色全要素生产率的测度沿用较为成熟的 Global Malmquist-Luenberger 生产率指数，借鉴滕泽伟[①]的研究进行测度，投入指标为资本、劳动和能源，产出指标为区域期望和非期望产出，非期望产出为经济发展过程中所产生的化学需氧量和二氧化硫排放量。考虑到经济开放程度对区域绿色技术创新的重要影响，因此引入经济开放度指数表征区域经济开放程度，该指数来自国家发展和改革委员会国际合作中心对外开放课题组撰写的《中国对外开放40年》中的专题报告——《2018年中国区域对外开放指数报告》。绿色金融的发展对绿色技术创新起到决定性作用，而绿色信贷在绿色金融中规模占比达90%以上，因此本书用绿色信贷余额表达绿色金融发展水平。

社会环境由舆论环境和公众环保意识两个维度组成，在当前信息时代背景下，舆论环境由媒体监督指数表征（C11），媒体监督指数借鉴赵莉和张玲[②]的研究，用区域环境相关新闻报道数量反映该区域媒体监督强度。公众环保意识由公众环保水平（C21）和绿色消费结构（C22）来测度，为避免可能出现的内生性问题，公众环保水平利用区域人均环保机构数量进行量化。绿色消费结构的量化借鉴向书坚和郑瑞坤[③]的研究，以2016年为基年，令人均生活消费能源节约率 =（报告年人均生活消费能源/基年人均生活消费能源 − 1）×100%，用以表征居民生活消费绿色化

[①] 滕泽伟：《中国服务业绿色全要素生产率的空间分异及驱动因素研究》，《数量经济技术经济研究》2020年第11期。
[②] 赵莉、张玲：《媒体关注对企业绿色技术创新的影响：市场化水平的调节作用》，《管理评论》2020年第9期。
[③] 向书坚、郑瑞坤：《中国绿色经济发展指数研究》，《统计研究》2013年第3期。

结构发展水平。

创新环境主要包括人员及创新基础,与大多数已有研究一致,本书利用区域 R&D 人员全时当量量化区域创新人才(D11),同时用高校和科研机构总量以及财政支出中研发投入占比分别表征创新机构(D21)及创新水平(D22)。

第三节 云模型及评价流程概述

一 应用云模型评价区域绿色技术创新成熟度的科学适用性

云模型是在概率论和模糊集合论两种理论交叉渗透的基础上,利用特定算法,形成的定性概念与定量算法间的转换模型,旨在揭示模糊性和随机性间的内在关联性。[①] 早期云模型的应用大多在数据挖掘、智能控制、图像处理及水文研究等自然科学领域,随着模型的发展以及其科学合理性被广泛认知,社会科学研究中也出现了部分应用云模型的研究。本书是典型的复杂系统评价型研究,区域绿色技术创新环境成熟度取决于各指标间相互作用的合力,传统的评价方案难以全面反映评价结果。与之相比,云模型在不确定性转换上具有优势,通过保留评估过程中固有的非确定性,能更加客观的描述模糊性指标,提高评估结果可信度,因而本书采用云模型研究方法进行环境成熟度的实证分析。

二 基于正态云模型的绿色技术创新环境成熟度评价流程

正态云模型是基本的云模型,正态分布的普遍性和正态隶属函

---

① 李德毅、刘常昱:《论正态云模型的普适性》,《中国工程科学》2004 年第 8 期。

数的普遍性共同奠定了正态云模型普适性的理论基础。利用正态云模型对区域绿色技术创新环境成熟度进行评价，需要确定各评价指标的权重。为了避免可能出现的主观随意性问题，运用熵权法确定评价体系内各指标的权重。在综合评价中，信息熵越小，指标变异程度越大，则该指标提供的信息量越大，因而应赋予更大权重；反之则赋予较小权重。在熵权法赋权的基础上，云模型的具体实施办法如下：

第一步：指标体系标准化。

由于指标体系内均为正向指标，因此令标准化后数据为：

$$x_{ij} = \frac{x_{ij} - \min(x_{\cdot j})}{\max(x_{\cdot j}) - \min(x_{\cdot j})}$$

其中，x_{ij} 为第 j 个评价指标中第 i 个元素的原值。

第二步：计算各指标权重。

常用的权重计算方法包括熵权法，AHP 层次法和综合赋权法，不同方法赋权差异性较小。本书选择熵权法计算指标权重，计算 15 个评价指标权重，构成权向量 $\omega = (\omega_1, \omega_2, \cdots, \omega_{15})$。

第三步：建立因素论域。

大多数评价体系中既包含量化的指标，又包含模糊语言性指标，则在构建云模型前，需要将模糊语言性指标通过正向云发生器表征为云模型数据。而本书均为量化指标，因此可直接建立评估对象因素论域 $U = (u_1, u_2, \cdots, u_n)$，$u_1 = (u_{11}, u_{12}, \cdots, u_{1n})$，$u_2 = (u_{21}, u_{22}, \cdots, u_{2n})$，$\cdots$，$u_m = (u_{m1}, u_{m2}, \cdots, u_{mn})$。

第四步：生产云模型图。

计算各指标对应的正态云模型数字特征，通过逆向正态云发生器生成各评价指标隶属于各等级的云模型图。各数字特征计算方式如下：

$$E_x = \frac{1}{n}\sum_{i=1}^{n} x_i$$

$$E_n = \sqrt{\frac{\pi}{2}} \times \frac{1}{n}\sum_{i=1}^{n} |x_i - E_x|$$

$$H_e = \sqrt{|S^2 - E_n^2|}$$

$$S^2 = \frac{1}{n-1}\sum_{i=1}^{n} (x_i - E_x)^2$$

其中，E_x 为期望，表示云滴在论域的分布期望及论域中心值，即样本的绿色技术创新环境成熟度级别；n 为样本容量；x_i 为第 i 个样本区域绿色技术创新环境成熟度指标观测值；E_n 为熵，即样本的绿色技术创新环境成熟度的随机性和模糊性程度；H_e 为超熵，表示熵的熵，是云图中云的离散程度，超熵越大，云层厚度越大；S^2 为样本范围内绿色技术创新环境成熟度方差。

第五步：生成评价云。

评价云的建立主要用以等级评估，本书将区域绿色技术创新环境成熟度划分为五个等级，等级论域 $C = (C_1, C_2, C_3, C_4, C_5)$。对应等级依次为极不成熟（Ⅰ级）、不成熟（Ⅱ级）、一般成熟（Ⅲ级）、高成熟（Ⅳ级）和极高成熟度（Ⅴ级）。评价区间利用上、下边界等间距法生成。继而通过正向云发生器得到区域绿色技术创新环境成熟度的标准评价云。评价云数字特征计算方法如下：

$$E_x = (\varphi_{min} + \varphi_{max})/2$$

$$E_n = (\varphi_{max} - \varphi_{min})/6$$

$$H_e = a$$

其中，φ_{min} 为评价区间下限；φ_{max} 为评价区间上限；a 为不变常数，依据已有的研究经验，取值为 0.25。①

第六步：生成综合评价云。

通过正向云发生器得到环境成熟度综合评价云。将其与环境成熟度标准评价云进行相似度对比，得到最终评价结论。发生器的指标整合计算，即区域绿色技术创新环境成熟度的综合数字特征算法为：

$$E_x = \sum_{i=1}^{m} W_i E_{x_i}$$

$$E_n = \sum_{i=1}^{m} W_i E_{n_i}$$

$$H_e = \sum_{i=1}^{m} W_i H_{e_i}$$

第四节 区域绿色技术创新环境成熟度评价

选取 2019 年我国 30 个省份数据（剔除数据缺失较多的西藏，除港澳台地区）为样本利用云模型测度区域绿色技术创新环境成熟度。研究中除自行测算数据外，所有数据均来自国家统计局网站、《中国统计年鉴》《中国环境统计年鉴》、各地区统计年鉴及环境统计年鉴，新闻报道来自 CNKI《中国重要报纸全文数据库》，以上所有数据均为人工筛选并经手工整理而成，云模型运算软件为 MATLAB 2018。

一 熵权法赋权结果分析

依据熵权法赋权原则，在标准化数据基础上计算各指标权重，

---

① 孙少楠、邢义龙、崔颢：《基于 AHP - 熵值法和云模型的移民信息化的标准度研究》，《水力发电》2020 年第 3 期。

权重计算结果如表7-2所示（其中熵权常数为0.37）。综合权重计算结果能够看出，绿色技术创新环境体系中，政策环境和社会环境是区域绿色技术创新环境成熟度的主要指标（综合权重分别为0.33和0.30），经济环境和创新环境是区域绿色技术创新环境成熟度的次要指标（综合权重分别为0.19和0.18）。

表7-2　　　　区域绿色技术创新环境成熟度各指标权重

指标	A11	A12	A13	A21	A22	B11	B21	B22
权重	0.12	0.05	0.08	0.05	0.05	0.03	0.08	0.04
指标	B23	C11	C21	C22	D11	D21	D22	
权重	0.10	0.12	0.10	0.07	0.02	0.10	0.05	

二　整体绿色技术创新环境成熟度云模型评价结果

将各指标权重与数字特征相结合，通过逆向云发生器，得到样本综合云的三个数字特征，分别为 $E_x = 9761.36$，$E_n = 12233.72$ 及 $H_e = 56881.33$。利用综合评价云数字特征计算方法分别求解综合评价云的数字特征，在数字特征基础上绘制综合评价云图，其结果如图7-1所示。整体来看，我国绿色技术创新环境成熟度处于Ⅲ级和Ⅳ级，且与Ⅲ级云几乎重合，相似度接近于1，即样本范围内绿色技术创新环境整体表现为一般成熟度（Ⅲ级）。

三　绿色技术创新环境成熟度指标的云模型评价结果

利用评价云生成规则，能够得到上、下边界等间距法生成的各指标标准评价云的数字特征，计算得到具体特征值如表7-3所示。表7-4给出的是绿色技术创新各指标的期望与熵值，通过对比

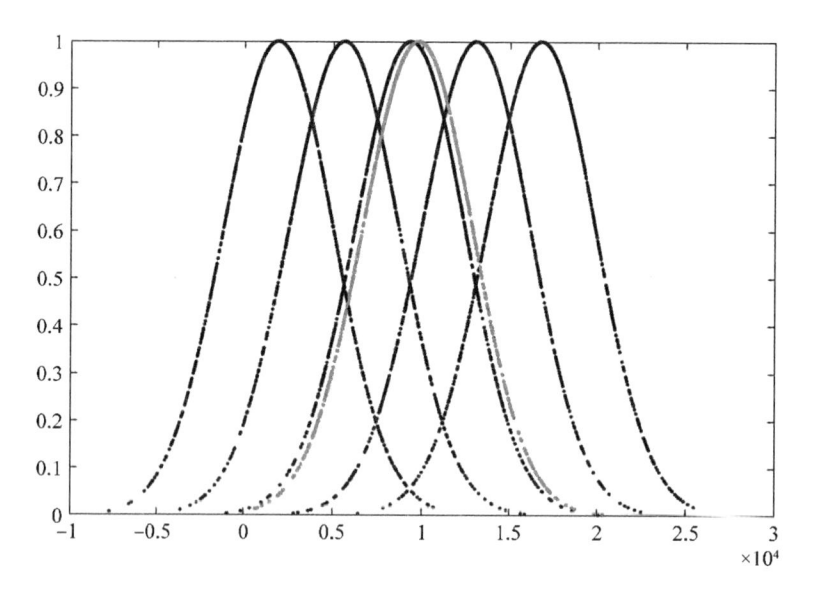

图 7-1 绿色技术创新环境综合评价云图

表 7-3 与表 7-4，能够看出，从绿色技术创新环境成熟度的主要影响因素——政策环境和社会环境角度来看，两个指标下的三级指标云估计结果大多处于Ⅲ级与Ⅳ级成熟度，也有极少部分指标如绿色政策资金投入（$E_x = 0.08$，$E_n = 0.06$）其契合的等级明显较低，未达到Ⅱ级，而其他环境投入（$E_x = 69.59$，$E_n = 1.64$）则隶属Ⅰ级。

从对环境成熟度影响较低的经济环境和创新环境指标来看，二者整体表现均接近Ⅲ级成熟度，但经济发展及城镇化水平显著（$E_x = 1.64$，$E_n = 2.09$）和人才支撑（$E_x = 145995.87$，$E_n = 144473.78$）接近Ⅰ级成熟度，说明这两个要素对绿色技术创新的促进性较差。

表7-3　　　　　　　　　　指标评价云的数字特征

评价指标	Ⅰ级		Ⅱ级		Ⅲ级		Ⅳ级		Ⅴ级	
	E_x	E_n	E_x	E_n	E_x	E_n	E_x	E_n	E_x	E_n
A11	0.39	0.04	0.80	0.04	0.85	0.04	0.90	0.04	0.95	0.04
A12	4.83	0.82	10.15	0.82	11.14	0.82	12.13	0.82	13.12	0.82
A13	0.06	0.08	0.16	0.08	0.26	0.08	0.37	0.08	0.47	0.08
A21	0.03	0.04	0.09	0.04	0.14	0.04	0.18	0.04	0.23	0.04
A22	34.67	56.69	103.36	56.69	171.39	56.69	239.42	56.69	307.45	56.69
B11	1.53	2.52	4.58	2.52	7.61	2.52	10.64	2.52	13.66	2.52
B21	0.60	0.17	1.30	0.17	1.51	0.17	1.72	0.17	1.93	0.17
B22	0.10	0.15	0.30	0.15	0.48	0.15	0.67	0.15	0.85	0.15
B23	0.18	0.03	0.38	0.03	0.41	0.03	0.44	0.03	0.47	0.03
C11	38.72	4.70	80.26	4.70	85.90	4.70	91.54	4.70	97.18	4.70
C21	16.55	2.83	34.80	2.83	38.20	2.83	41.60	2.83	45.00	2.83
C22	1.80	0.60	3.96	0.60	4.67	0.60	5.39	0.60	6.10	0.60
D11	77993	126405	231830	126405	383517	126405	535203	126405	686890	126405
D21	62.20	72.83	168.10	72.83	255.50	72.83	342.90	72.83	430.30	72.83
D22	0.87	1.01	2.35	1.01	3.56	1.01	4.77	1.01	5.98	1.01

表7-4　　　　　　　　　　各评价指标的主要数字特征

指标	A11	A12	A13	A21	A22	B11	B21	B22
E_x	0.91	11.48	0.22	0.08	69.59	1.64	1.33	0.24
E_n	0.05	0.93	0.15	0.06	62.02	2.09	0.23	0.23
指标	B23	C11	C21	C22	D11	D21	D22	
E_x	0.39	96.73	36.41	5.01	145995.87	198.17	2.30	
E_n	0.03	4.91	3.08	0.83	144473.78	80.78	1.65	

四 区域绿色技术创新环境成熟度云模型评价结果

云模型计算得到全国各区域绿色技术创新环境成熟度云模型评价结果如表7-5所示,同时利用综合评价云计算得到区域整体环境成熟度评估情况。表7-5中展示了当前我国区域绿色技术创新环境各指标成熟度情况,除媒体监督情况表现较好外,大多数指标在所有区域内均呈中等或低等成熟状态,典型的表现较差指标是经济发展及城镇化水平指标和人才支撑指标,这与前文整体评价结果结论基本一致。区域其他环境投入是差异较大的指标之一,这主要是由研究采用的量化方式所导致,区域间经济地理环境的差异导致的造林需求各有差异,致使该指标在不同地区间呈现出较大差距。

表7-5 区域绿色技术创新环境成熟度评估结果

	A11	A12	A13	A21	A22	B11	B21	B22	B23	C11	C21	C22	D11	D21	D22
北京	Ⅳ	Ⅲ	Ⅰ	Ⅱ	Ⅰ	Ⅴ	Ⅱ	Ⅳ	Ⅱ	Ⅴ	Ⅱ	Ⅱ	Ⅰ	Ⅱ	Ⅲ
天津	Ⅰ	Ⅰ	Ⅱ	Ⅱ	Ⅲ	Ⅲ	Ⅱ	Ⅰ	Ⅱ	Ⅴ	Ⅲ	Ⅳ	Ⅰ	Ⅱ	Ⅰ
河北	Ⅴ	Ⅴ	Ⅴ	Ⅴ	Ⅱ	Ⅱ	Ⅰ	Ⅱ	Ⅴ	Ⅱ	Ⅲ	Ⅱ	Ⅱ	Ⅱ	Ⅰ
山西	Ⅴ	Ⅳ	Ⅴ	Ⅲ	Ⅱ	Ⅰ	Ⅱ	Ⅱ	Ⅱ	Ⅲ	Ⅱ	Ⅳ	Ⅱ	Ⅱ	Ⅰ
内蒙古	Ⅴ	Ⅲ	Ⅲ	Ⅰ	Ⅰ	Ⅰ	Ⅱ	Ⅱ	Ⅱ	Ⅴ	Ⅱ	Ⅲ	Ⅱ	Ⅱ	Ⅰ
辽宁	Ⅳ	Ⅲ	Ⅲ	Ⅰ	Ⅰ	Ⅰ	Ⅱ	Ⅱ	Ⅲ	Ⅴ	Ⅱ	Ⅱ	Ⅱ	Ⅱ	Ⅰ
吉林	Ⅲ	Ⅲ	Ⅱ	Ⅰ	Ⅰ	Ⅰ	Ⅰ	Ⅳ	Ⅱ	Ⅲ	Ⅱ	Ⅲ	Ⅱ	Ⅱ	Ⅰ
黑龙江	Ⅴ	Ⅴ	Ⅰ	Ⅰ	Ⅰ	Ⅴ	Ⅴ	Ⅱ	Ⅴ	Ⅱ	Ⅱ	Ⅱ	Ⅱ	Ⅱ	Ⅳ
上海	Ⅲ	Ⅱ	Ⅰ	Ⅱ	Ⅲ	Ⅴ	Ⅱ	Ⅰ	Ⅱ	Ⅰ	Ⅴ	Ⅳ	Ⅳ	Ⅰ	Ⅴ
江苏	Ⅳ	Ⅳ	Ⅰ	Ⅱ	Ⅳ	Ⅲ	Ⅲ	Ⅱ	Ⅴ	Ⅱ	Ⅳ	Ⅱ	Ⅱ	Ⅰ	Ⅳ
浙江	Ⅴ	Ⅳ	Ⅰ	Ⅱ	Ⅳ	Ⅱ	Ⅰ	Ⅲ	Ⅴ	Ⅲ	Ⅲ	Ⅰ	Ⅲ	Ⅰ	Ⅳ

续表

	A11	A12	A13	A21	A22	B11	B21	B22	B23	C11	C21	C22	D11	D21	D22
安徽	Ⅳ	Ⅳ	Ⅲ	Ⅰ	Ⅰ	Ⅰ	Ⅱ	Ⅱ	Ⅱ	Ⅴ	Ⅳ	Ⅲ	Ⅱ	Ⅱ	Ⅱ
福建	Ⅴ	Ⅲ	Ⅰ	Ⅱ	Ⅰ	Ⅱ	Ⅰ	Ⅱ	Ⅱ	Ⅴ	Ⅳ	Ⅳ	Ⅰ	Ⅲ	Ⅱ
江西	Ⅴ	Ⅴ	Ⅰ	Ⅲ	Ⅰ	Ⅰ	Ⅲ	Ⅱ	Ⅱ	Ⅴ	Ⅲ	Ⅴ	Ⅲ	Ⅳ	Ⅱ
山东	Ⅴ	Ⅳ	Ⅲ	Ⅱ	Ⅰ	Ⅱ	Ⅰ	Ⅱ	Ⅱ	Ⅴ	Ⅱ	Ⅲ	Ⅱ	Ⅲ	Ⅱ
河南	Ⅳ	Ⅳ	Ⅱ	Ⅰ	Ⅰ	Ⅰ	Ⅲ	Ⅰ	Ⅳ	Ⅴ	Ⅲ	Ⅳ	Ⅲ	Ⅲ	Ⅲ
湖北	Ⅴ	Ⅲ	Ⅱ	Ⅰ	Ⅱ	Ⅰ	Ⅲ	Ⅰ	Ⅱ	Ⅴ	Ⅲ	Ⅳ	Ⅱ	Ⅱ	Ⅱ
湖南	Ⅴ	Ⅳ	Ⅰ	Ⅰ	Ⅰ	Ⅱ	Ⅳ	Ⅱ	Ⅱ	Ⅴ	Ⅲ	Ⅴ	Ⅳ	Ⅴ
广东	Ⅱ	Ⅰ	Ⅱ	Ⅰ	Ⅰ	Ⅴ	Ⅰ	Ⅱ	Ⅱ	Ⅴ	Ⅱ	Ⅲ	Ⅰ	Ⅱ	Ⅰ
广西	Ⅲ	Ⅱ	Ⅴ	Ⅰ	Ⅰ	Ⅰ	Ⅲ	Ⅰ	Ⅱ	Ⅴ	Ⅳ	Ⅱ	Ⅰ	Ⅰ	Ⅰ
海南	Ⅴ	Ⅲ	Ⅱ	Ⅰ	Ⅰ	Ⅰ	Ⅱ	Ⅰ	Ⅱ	Ⅴ	Ⅲ	Ⅲ	Ⅰ	Ⅰ	Ⅰ
重庆	Ⅳ	Ⅲ	Ⅰ	Ⅰ	Ⅱ	Ⅰ	Ⅰ	Ⅱ	Ⅰ	Ⅴ	Ⅱ	Ⅳ	Ⅱ	Ⅱ	Ⅰ
四川	Ⅴ	Ⅱ	Ⅲ	Ⅱ	Ⅱ	Ⅰ	Ⅱ	Ⅰ	Ⅱ	Ⅴ	Ⅲ	Ⅴ	Ⅱ	Ⅱ	Ⅱ
贵州	Ⅴ	Ⅱ	Ⅴ	Ⅰ	Ⅰ	Ⅰ	Ⅰ	Ⅰ	Ⅰ	Ⅳ	Ⅱ	Ⅳ	Ⅰ	Ⅰ	Ⅰ
云南	Ⅳ	Ⅲ	Ⅴ	Ⅲ	Ⅰ	Ⅱ	Ⅰ	Ⅰ	Ⅱ	Ⅴ	Ⅱ	Ⅳ	Ⅱ	Ⅱ	Ⅱ
陕西	Ⅴ	Ⅱ	Ⅲ	Ⅱ	Ⅰ	Ⅰ	Ⅰ	Ⅰ	Ⅱ	Ⅴ	Ⅲ	Ⅲ	Ⅱ	Ⅱ	Ⅱ
甘肃	Ⅱ	Ⅱ	Ⅰ	Ⅲ	Ⅴ	Ⅰ	Ⅰ	Ⅰ	Ⅳ	Ⅴ	Ⅱ	Ⅱ	Ⅰ	Ⅰ	Ⅰ
青海	Ⅴ	Ⅲ	Ⅲ	Ⅳ	Ⅰ	Ⅰ	Ⅰ	Ⅰ	Ⅰ	Ⅴ	Ⅱ	Ⅱ	Ⅰ	Ⅱ	Ⅱ
宁夏	Ⅳ	Ⅲ	Ⅲ	Ⅲ	Ⅰ	Ⅰ	Ⅰ	Ⅰ	Ⅰ	Ⅲ	Ⅱ	Ⅱ	Ⅲ	Ⅳ	Ⅱ
新疆	Ⅰ	Ⅰ	Ⅰ	Ⅰ	Ⅰ	Ⅰ	Ⅰ	Ⅰ	Ⅰ	Ⅰ	Ⅰ	Ⅰ	Ⅰ	Ⅰ	Ⅰ

依据云模型运算结果，当前我国区域绿色技术创新成熟度分布在三个等级中，分别是极不成熟（Ⅰ级）、不成熟（Ⅱ级）和一般成熟度（Ⅲ级），尚无高成熟度地区。通过研究结果还能够发现，绿色技术创新环境具有显著的区域集聚效果，而由于经济发展对绿色技术创新的弱驱动性，绿色技术创新成熟度较高地区并未集中出现在经济发达省份，相较而言，自然环境的优越和地方政府及公众对绿色发展的重视对绿色技术创新环境成熟度有明显的正向溢出效果，典型区域如青海省和云南省。

第五节 本章小结

绿色技术创新是实现经济绿色发展，完成产业结构绿色化转型的必要前提。区域绿色技术创新环境成熟度，直接影响着各主体的绿色技术创新能力提升。本书将云模型与熵权法相结合，构建指标体系对区域绿色技术创新环境成熟度进行评价，获得以下基本结论及启示。

一 政策和社会环境对区域绿色技术创新环境有重要影响

本书构建了包含4个一级指标、8个二级指标和15个三级指标的区域绿色技术创新环境评价体系，依据熵权法赋权结果能够看出，与经济和技术环境相比，政策环境和社会环境是区域绿色技术创新环境中起主导作用的环境因素，其中绿色政策强度、舆论环境和公众环保意识是驱动区域绿色技术创新绩效提升的最重要要素。这一结果提示了绿色技术创新行为主体主观能动性的重要作用，由于绿色技术创新的双重外部性特征，以环境制度为主体的绿色政策始终是企业（产业）绿色技术创新的主要驱动力量，但随着经济社会对高质量发展的需求，绿色创新主体开始越发关注社会责任及自身的可持续发展，舆论环境和公众环保意识的作用因而在绿色技术创新过程中得以显现。为了加速这一转变，2019年，科技部和国家发改委联合颁布了《构建市场导向的绿色技术创新体系》，明确了市场绿色技术创新体系的市场导向性构建规划。但社会环境的营造仍需与适时增强的绿色政策强度配合，才能够真正实现绿色技术创新由政策主导向社会诱导的转变。以

"碳达峰和碳中和"为目标的绿色发展是"十四五"期间生态文明建设的重要任务,要做好这一任务,除了适当增加环境制度强度外,还应注重绿色生产和生活方式的培育、公众环保关注度的提升以及完善的企业社会责任公开制度的建立,从多角度、对维度增强社会环境的引导作用。

二 我国绿色技术创新环境仍存在较大提升空间

整体来看,我国绿色技术创新综合环境处于一般成熟度和高成熟度,但极为靠近一般成熟度。成熟度整体表现较低的原因在于部分指标表现较差,如绿色政策支持度和经济发达程度,二者均为显著极不成熟指标,这说明我国目前的绿色政策仍以强制性政策设计为主,引导性政策建设明显不足。考虑到环境政策在绿色技术创新环境中的重要影响,未来市场导向性绿色技术创新体系的建立过程中,应着力创新政策及制度供给方式,提升引导性政策效果,增强引导性政策与强制型政策互补能力。此外,舆论环境样本范围是唯一一个达到"极为成熟"等级的环境指标,这是数字时代互联网技术的发展所提供的舆论监督的便利性,在信息透明化程度较高的今日,应大力完善各类型企业(产业)的社会责任信息公开机制,发挥舆论监督作用,提升公众环保关注度和环保意识水平,用社会力量迫使区域绿色技术创新能力得到提升。

三 区域绿色技术创新环境差异较大

我国当前约有1/3的区域环境处于不成熟(Ⅱ级)且较为靠近极不成熟(Ⅰ级)等级中,同时也存在部分区域虽然处于一般成熟等级(Ⅲ级)但已经接近较高成熟度(Ⅳ级),区域差异极为显著。从不成熟区域的分布情况来看，经济发展水平并非环境成熟度差的主要因素，熵权结果也证明，经济发展水平在绿色技术创新环境中并非重要影响因素。事实上，绿色技术创新环境成熟度低的区域，导致其表现较差原因各有差异。典型的如广东和广西，二者地理位置接近，经济发展水平差距较大，但却同属于绿色技术创新环境不成熟的等级。究其原因，主要在于广东虽然经济发达程度较高，但强制性环境政策方面表现较差，广西虽然经济发展水平较差，但强制性环境政策表现优于广东省，且区域经济发展绿色化水平较高，因而双方在总体成熟度上表现为同一。与之类似，大部分区域绿色技术创新环境各指标的差异化都极为显著。这意味着，各区域应该针对自身绿色技术创新环境中存在的短板，依据区域当前的绿色技术创新环境特征，建构符合自身需求的治理机制，以此为提升区域绿色技术创新绩效，增强区域绿色技术创新能力提供政策保障。

第八章 基于企业绿色技术创新驱动要素时空分异性特征的区域性政策优化研究

历经长时间的研究和探索后,绿色技术已经成为公认的解决"经济发展—环境保护"矛盾的有力工具。由于其着重强调的低能耗、无污染、循环利用和清洁化特征,因而被认定为现代经济体系中实现企业和区域经济绿色发展最为重要的途径之一。绿色技术创新的主体是企业,同时企业也是经济发展的主体和污染排放的最重要主体,唯有实现企业的绿色发展,才能从根源上减轻生态压力、降低环境污染强度。

在这一背景下,如何科学有效的从源头增强企业绿色技术创新能力,提升企业绿色技术创新绩效,就成为一个兼具理论价值和现实意义的重要问题。对此,本章立足于企业绿色技术创新能力和绩效提升这一目标,在技术创新系统理论框架下,独创性的采用时空分异研究范式,于时间和空间两个维度分析了企业绿色技术创新的驱动机制。最后,以绿色技术创新驱动机制的时空分异性特征研究为基础,进行了企业绿色技术创新的政策优化设计,以期推动企业和区域经济长期可持续发展。

第一节　企业绿色技术创新驱动要素的时空分异性特征

单个主体创新已不适应新经济环境，由新熊彼特主义引发的"中观经济学革命"开启了创新系统化研究时代。经过"国家→区域→产业→集群创新系统"的研究历程后，创新生态系统的研究以其生态性、动态性、共生性和开放性特征成为创新管理的新范式。

作为新兴研究方向，创新系统相关研究主要从创新系统论、生态学和演化经济学视角对其进行解构分析。虽然目前尚未出现对企业绿色技术创新系统构成机制及演化路径的具化研究，但基于区域层面、产业层面、企业层面及跨层次的研究已经较为丰富，普适性的创新生态系统建构方式并不存在，但特定情境下创新系统的研究范式已经基本形成。

如前文所述，驱动企业绿色技术创新的外部要素主要包括环境规制、绿色金融和市场因素，内部要素包括预期收益和预期可持续发展。依据创新系统论，在创新过程中的不同阶段，均有起主导作用的驱动要素，企业绿色技术创新的发展过程也符合这一特征。本章据此构建了具有时空分异性特征的企业绿色技术创新系统。

依据技术创新驱动要素的内、外部驱动特征，本章系统整理了企业绿色技术创新的相关驱动因子，并归纳相似因子，最终形成5类典型的创新驱动要素。继而基于创新系统论的"制度—支持—竞争"框架，结合前人研究中企业绿色技术创新驱动机制的时效性特征，将企业绿色技术创新驱动机制划分为以制度驱动为主的短期驱动机制、以绿色金融推动为主的中期（过渡期）驱动机制和以市场驱动为主的长期驱动机制。空间分异的研究以此"三期"驱动机制为基础，进行了两方面的研究：一方面是空间适配性研究，即基于创新资源基础观角度，分析由于创新基础和创新环境异质性导致的"三期"驱动机制在区域适宜性上的差别；另一方面是驱动机制的空间动态变化性研究，区域绿色技术创新驱动机制并非一成不变，技术和污染的空间溢出导致了创新环境和创新基础的变化，创新驱动机制因而始终处于动态变化之中。据此构建的企业绿色技术创新系统时空分异特征理论架构如图 8-1 所示。

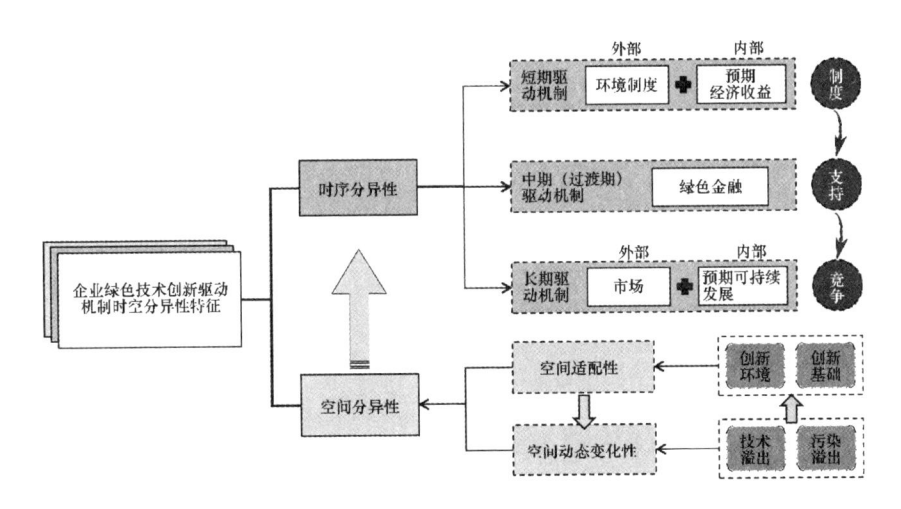

图 8-1 企业绿色技术创新系统的理论架构

一 企业绿色技术创新的短期驱动机制研究

与其他传统创新相比，双重外部性是企业绿色技术创新的独有特征，由此带来的市场失灵问题使得制度压力成为企业绿色技术创新的核心驱动要素。虽然已有研究发现环境制度压力是企业进行绿色技术创新的重要驱动力之一，但结合前人研究和实践经验发现，企业绿色技术创新的制度驱动时效性较差，这体现在制度对企业绿色技术创新的驱动性随着制度的转变而立即发生改变，创新绩效对环境制度几乎不存在记忆性。[①] 本书因此定义由环境制度主导的驱动机制为企业绿色技术创新的短期驱动机制，其具体机制如图8-2所示。

从驱动的外部性角度来看，基于新制度主义，可将环境制度压力分解为规制压力、规范压力和认知压力，而规制压力可进一步分解为命令控制型、经济激励型和市场鼓励型三种。即由命令控制型规制压力、经济激励型规制压力、市场鼓励型规制压力、认知压力和规范压力共同构成。

从驱动的内部性角度来看，企业对于短期经济收益的预期是驱动绿色技术创新行为的根本驱动力。而负责制定发展战略的企业高管团队通常会通过对未来成本和收益的认知而做出绿色技术创新决策，绿色技术创新带来的收益在短期内表现为经济收益，即通过绿色管理而产生的从原材料到能源再到劳动力成本的降低，同时还包括废料产品的销售以及环保相关知识产权转让所得收入。

从驱动过程来看，高管团队环境注意力在企业绿色技术创新短期驱动机制中起到了中介作用。如本书上文所述，相同的环境制度压力带来的差异性绿色技术创新成果，其根源在于企业高管团队的环境注意力配置的差异。除了命令控制型规制压力直接驱动

---

① Van Leeuwen G., Mohnen P., "Revisiting the Porter Hypothesis: an Empirical Analysis of Green Innovation for the Netherlands", *Economics of Innovation and New Technology*, Vol. 26, No. 1-2, 2017, pp. 63-77.

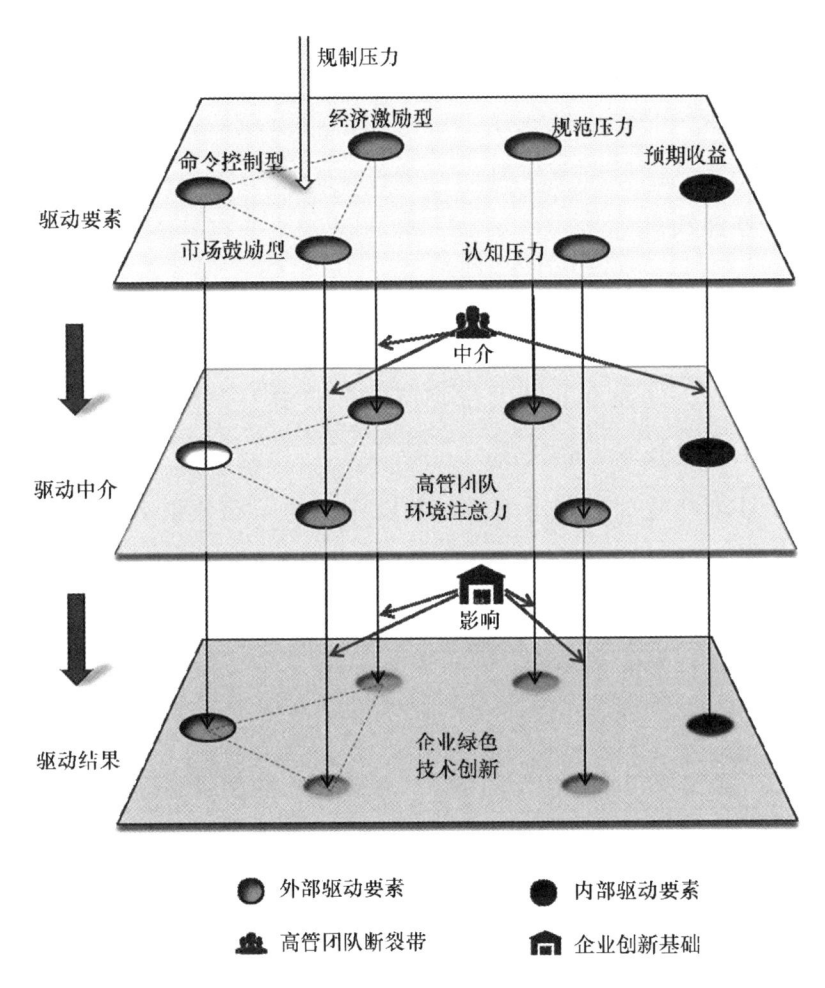

图 8-2 企业绿色技术创新短期驱动机制理论模型

企业绿色技术创新外,其他驱动要素均以高管团队环境注意力为中介间接驱动企业绿色技术创新成果。

从对驱动过程的影响角度来看,高管团队断裂带和企业绿色技术创新基础在短期企业绿色技术创新驱动机制中起到重要影响作用。高管团队断裂带的影响作用主要表现在其对经济激励型、市场鼓励型规制压力和预期收益间接驱动企业绿色技术创新这三条驱动路径前半段的负向影响上。由于团队内部认知差异过大而产生的断裂带，会在一定程度上影响团队决策绩效，高的团队断裂带将导致决策绩效降低，进而导致经济激励型和市场鼓励型规制压力在企业内的渗透深度较差，最终致使企业反馈不足，规制效果不佳，而命令控制型规制压力不以高管团队为中介发挥作用，因而不受其影响。此外，高管团队断裂带还直接影响企业对预期收益的判断，高强度的断裂带将负向影响由于企业预期收益增加而做出的绿色技术创新决策。

企业创新基础也在短期内对制度压力的驱动效果有显著影响，优秀的创新基础对除命令控制型规制压力外均有显著的正向影响效果。即创新基础是否雄厚，直接决定了短期内制度压力对企业绿色技术创新的驱动效果。

二　企业绿色技术创新的中期（过渡期）驱动机制研究

广义上来说，绿色金融指的是金融部门将影响环境治理与环境保护的诸多因素纳入其投融资活动中，一方面增加修复和保护生态环境方面项目的融资；另一方面减少环境污染性项目的资金供给，从而实现资金的绿色配置。就我国的绿色金融实践而言，我国的绿色金融是兼具政策性和市场性特征的绿色技术创新驱动要素。

绿色金融一般耦合于区域环境制度之中，是环境制度的金融体现，同时，绿色金融还具有引导市场的作用，通过非强制性的金融诱导措施，转变全社会资金流向，引导绿色投资的同时也能够起到减少灰色投资的作用。因此，鉴于绿色金融的政策和市场双重嵌入特征，因而其可被认为是绿色技术创新的过渡期驱动要素。

从驱动的时效性角度来看，企业的绿色技术创新绩效对资金的记忆性极强，因而绿色金融的驱动时效性远高于环境制度的驱动性，但作为绿色技术创新的驱动要素之一，单一角度的过程性驱动导致绿色金融的驱动时效性远不及能够形成闭合驱动链的市场驱动机制，因此以绿色金融为主导的企业绿色技术创新驱动机制又可被称为中期驱动机制。其具体驱动机理如图8-3所示。

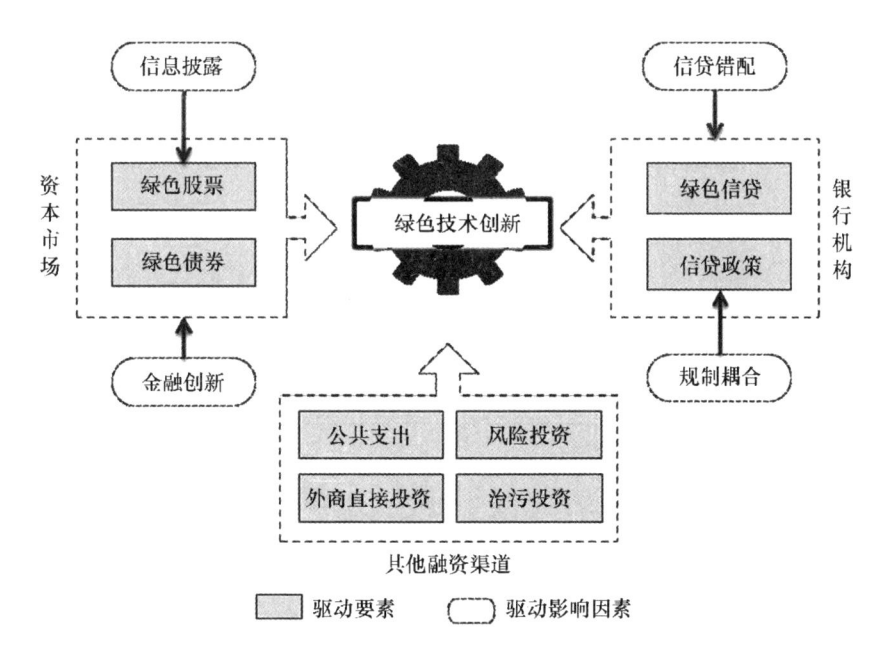

图8-3 企业绿色技术创新的中期（过渡期）驱动机制理论模型

与传统技术创新融资渠道类似，当前我国绿色金融的资金来源主要来自银行机构、资本市场以及其他融资渠道。其中规模最大的融资来自银行机构，而银行机构的绿色金融实践又以绿色信贷为主，其绿色信贷政策通常耦合于区域环境制度，如前文所述，高的环境制度——绿色金融耦合度有利于提升区域内企业的绿色技术创新能力,而就当前我国的环境制度——绿色金融耦合情况而言,其耦合协调水平仍有一定上升空间。此外,以银行系统为主的绿色金融资金配置也存在一定弊端,如在国有与民营企业间配置资金时就存在显著的所有制歧视特征,由此导致绿色信贷错配产生并严重影响了绿色金融的融资效率。为了遏制这一现象,就需要不断丰富绿色金融产品,积极推进绿色技术创新风险分散机制的设计与开发。当前,我国诸多区域也出现了对地方政府绿色绩效的考核,这一考核制度也能够在极大限度上增强银行系统绿色金融的运行效率。

虽然与银行机构相比,资本市场的绿色金融体量差距仍然较大,但2016年9月,我国已经成了全球最大的绿色债券发行市场,境内绿色债券发行规模超过1000亿元。资本市场对企业绿色技术创新的驱动主要体现在两个方面:一是服务绿色实体经济,发挥资本市场的资源配置、资金融通、价格发现、风险分担功能,稳固企业绿色技术创新发展的根基;二是加快绿色资本融通速度,精准定位企业的绿色需求,会聚有社会责任感的投资者,促进可持续资本市场的完善和发展,增强企业信心,吸引更多企业参与绿色技术创新。在资本市场驱动企业绿色技术创新的过程中,信息披露是企业主要的"信用标的",信息披露质量直接决定着资本市场绿色金融的发展水平,然而就当前我国相关企业的信息披露情况来看,定期报告与临时报告披露的环保信息不一致、信息披露不真实等问题屡禁不止。究其根源,能够发现,对于上市公司来说,环境污染的违法成本较低,这致使一部分企业宁愿选择接受处罚,也不愿意解决实质性的实际环保问题,更拒绝公开对外披露相关信息。信息披露是资本市场发展绿色金融的重要"抓手",完善信息披露制度,提升企业环境违法成本,是资本市场绿色金融发展的当务之急。此外,金融创新在资本市场的绿色金融发展中也扮演了重要角色,而当前资本市场绿色金融产品种类单一,层次性不足导致绿色投融资中存在着诸如期限错配、信息不对称和产品工具不足等问题,致使绿色金融对企业绿色技术创新的驱动效果较差,金融创新迫在眉睫。

三 企业绿色技术创新的长期驱动机制研究

企业技术创新在市场中产生,也必将回归市场。符合当前我国经济发展阶段及生态文明要求的绿色技术创新并非如过去一样以满足环境制度最低要求为目标,更多的是强调企业对可预见污染的预防、控制和治理,是贯穿于企业生命周期全链条的绿色化转变。对这一全新的绿色技术创新概念,仍以单纯的政策和金融手段驱动,显然难以达到持续创新要求,市场因而成为驱动企业绿色技术创新的最终力量。

从驱动时效性角度来看,环境制度和绿色金融的驱动以提升技术研发效率,增加创新数量和质量为目标,但基于"创新投入—状态—创新产出"的两阶段创新价值链视角的研究认为这仅是技术创新的第一阶段。[1] 与之相比,市场机制在技术创新的第二阶段作用更为显著,因而市场驱动是三种绿色技术创新驱动机制中具备最长驱动时效性的机制。

市场化程度在市场驱动过程中也起到重要性作用。此外,市场

---

[1] 肖仁桥、宋莹、钱丽:《企业绿色创新产出及其空间溢出效应研究——基于两阶段价值链视角》,《财贸研究》2019年第4期。

驱动机制还与绿色金融存在长期耦合协调关系，二者的耦合协调水平也直接影响了企业绿色技术创新行为。从驱动的内部性角度来看，长期视角下企业进行绿色技术创新无形收益的重要意义远大于短期经济收益，由绿色技术创新带来的企业竞争力的增强、社会声誉的提高以及品牌形象的塑造对企业未来的持续发展至关重要，当企业的战略制定者关注到这一发展需求，就会主动采取绿色技术创新战略，因此企业高管团队对长期可持续发展的预期是驱动企业进行绿色技术创新的内部驱动要素。

从驱动过程来看，市场引致企业绿色技术创新的驱动力要素可归结于两个方面：一是市场引力；二是市场压力。二者分别存在于市场的竞争和需求中，协同作用并共同驱动企业绿色技术创新行为。市场引力主要来自终端消费者和下游企业的需求，市场引力因而对企业绿色技术创新全过程均有正向驱动效果。市场对企业绿色技术创新的驱动机理如图8-4所示。

市场压力除了来自终端消费者和下游企业，还受到竞争者的创新行为影响，竞争者创新产出越高，将导致市场绿色化压力越大，环境制度也会因而越发严苛，进而倒逼相关企业不得不进行绿色技术的革新。在绿色技术的研发阶段，市场的绿色化需求对企业绿色技术创新投入有显著正向影响，其与企业对可持续发展的预期协同作用，在环境规制和绿色金融的耦合效果下，共同提升企业的R&D经费存量与R&D人力资本投入。市场引力越大，企业对未来可持续发展的预期越强，则企业在绿色技术创新研发阶段的投入力度越大。考虑到企业绿色技术创新的两阶段特性，创新效率在企业绿色技术创新过程中起到重要作用。

考虑到企业绿色技术创新的两阶段创新特征，创新效率是企业

第八章　基于企业绿色技术创新驱动要素时空分异性特征的区域性政策优化研究

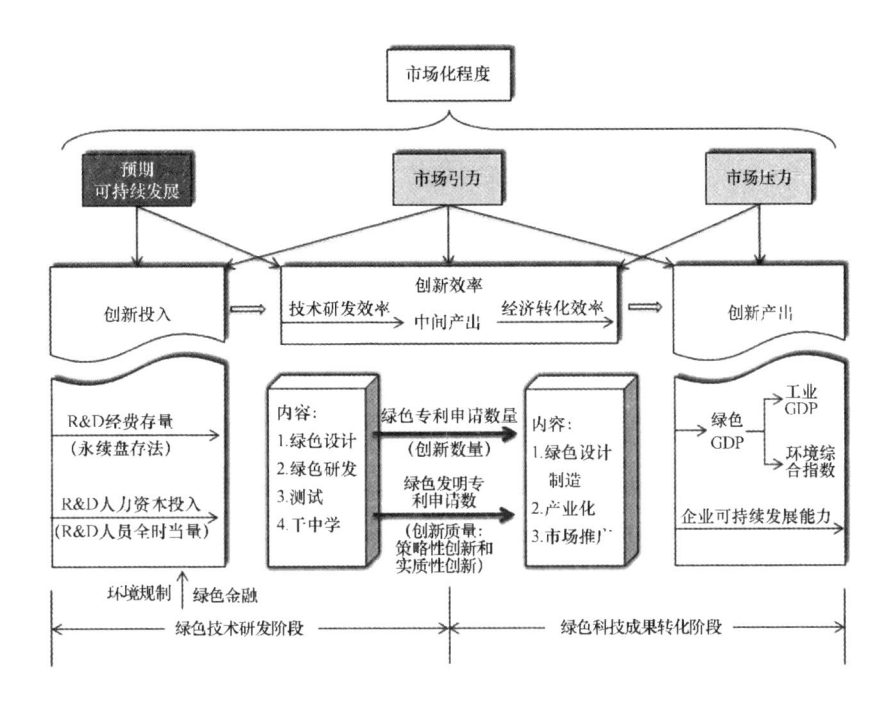

图 8-4　企业绿色技术创新的长期驱动机制理论模型

绿色技术创新过程中的重要中间要素。企业的预期可持续发展、市场引力和市场压力三者共同驱动企业的绿色技术创新效率的提升，在技术研发效率提升和经济转化效率提升上均有促进作用，对绿色技术创新的中间产出，即创新的数量和创新的质量均有显著正向影响。进入绿色科技成果转化阶段，企业的对可持续发展的预期无法继续发挥促进作用，此时起主导作用的因素主要来自市场。

绿色技术创新的成果最终呈现为工业绿色 GDP 的提升和环境综合指数的上升，同时伴随着相关企业可持续发展能力的增强。这一产出的实现过程中，市场压力和引力对促进绿色生产制造效率的提升、推进绿色产业化进程、加速绿色技术创新成果的市场推广的作用极为重要。由此可见，良好的市场环境和市场绿色化氛围能够为企业绿色技术创新提供持续的力量来源。

四 企业绿色技术创新驱动机制的空间分异性研究

（一）空间适配性

创新资源基础观认为技术创新的动力由创新环境和创新基础决定。[1] 就绿色技术创新而言，区域经济社会发展的非均衡性所带来的创新环境差异，加之企业自身创新基础的差别，最终导致了企业创新驱动机制或要素的适宜性差异。

企业所处区域的创新环境及企业自身创新基础对其绿色技术创新影响的差异性主要表现为三种情况，如图8-5所示。第一种情况：当企业创新基础薄弱且区域创新环境较差时，市场力量过弱以致难以驱动企业进行绿色技术创新，绿色金融的作用也因企业创新基础过差而难以发挥，此时企业绿色技术创新行为是由环境制度驱动机制主导的，多为短期行为。第二种情况：拥有中等创新基础的企业处于中等及以下创新环境时，或中等创新环境中的弱或中等创新基础的企业，其绿色技术创新驱动机制表现出非稳定特征，绿色技术创新行为在极大限度上受到资金影响，此时绿色金融驱动作用尤为显著。第三种情况：符合创新基础极好或创新环境极优中任一条件，企业均有机会凭借优势特征参与绿色技术创新，此时市场驱动机制一旦发挥效用，将极大提升企业绿色

---

[1] Fanhua Z., Xiaodong H., Yangfen W., "Research on the Mass Innovation Drive Mechanism and Innovation Mode of Manufacturing Industry Transformation and Upgrading", *Science & Technology Progress and Policy*, No. 23, 2016, p. 12.

技术创新动力,并持续促进企业绿色技术创新能力提高。

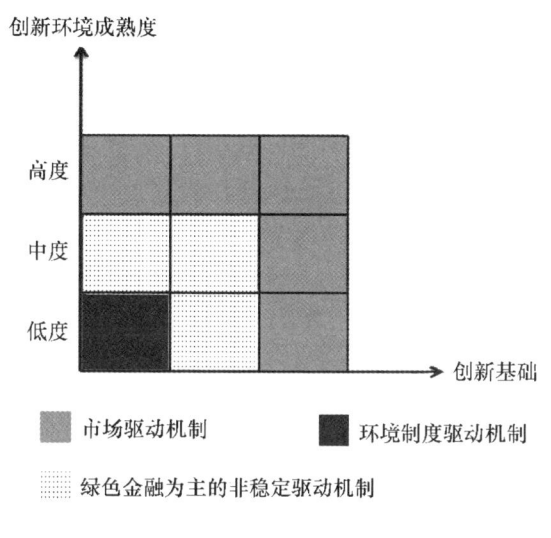

图 8-5 创新环境与创新基础异质性影响

如前文所述,当前我国绿色技术创新环境成熟度存在着明显的区域不平衡现象,而企业绿色技术创新基础的差异则主要表现为企业规模上的差别,在通常情况下,大型企业会拥有成熟的创新网络,资金和人力资本相对较为充沛,创新基础因此较好,而中小型企业由于资金和人力的短期,以及不健全的创新网络,创新基础较为薄弱。由此可见,要实现企业绿色技术创新能力的高效提升,正确匹配适宜的企业绿色技术创新驱动机制是前提。而对创新环境成熟度及企业创新基础所处等级的准确识别,则是实现企业绿色技术创新能力高效提升的最关键因素。

(二)企业绿色技术创新的空间动态性研究

企业绿色技术创新驱动机制的空间差异时刻处于动态变化之中。这种动态变化缘起于两个方面:一个是绿色技术的空间溢出效应；另一个是污染的空间溢出效应。绿色技术创新通常通过产业转移等方式实现技术本地到邻地间的转移，与污染转移相似，其也具备显著的空间相关性和空间溢出特征。①

就污染的空间溢出效应来看，当邻地污染排放量减少，邻地的污染溢出也将减少，本地污染因而下降，本地治污成本随之减少，本地的绿色技术创新效率将提升，进而导致本地单位绿色技术创新投入的治污成本减少量增加，这一过程将最终引起本地绿色技术创新投入的增加；反之，若邻地污染排放量增加，邻地的污染溢出也将增加，本地污染因而上升，本地治污成本随之增加，本地的绿色技术创新效率将降低，进而导致本地单位绿色技术创新投入的治污成本减少量减少，这一过程将最终引起本地绿色技术创新投入的减少。

就绿色技术创新的空间溢出效应来看，当邻地产业转移增加，邻地技术溢出随之增加，本地绿色技术创新水平下降，本地绿色技术创新边际效益减少，本地绿色技术创新投入的边际效益将增加，本地增加单位绿色技术导致的收益减少量减少，进而导致本地绿色技术创新投入增加；反之，当邻地产业转移减少，邻地技术溢出随之减少，本地绿色技术创新水平提升，本地绿色技术创新边际效益则增加，本地绿色技术创新投入的边际效益将减少，本地增加单位绿色技术导致的收益减少量增加，最终导致本地绿色技术创新投入减少。

由此可见，污染的空间溢出效应增加时，本地企业将倾向于增加绿色技术创新投入，这是污染溢出的正效应；反之则是污染溢

---

① 白俊红、聂亮：《能源效率、环境污染与中国经济发展方式转变》，《金融研究》2018年第10期。

出的负效应，与之相似的是绿色技术创新的空间溢出效应（污染和技术的空间溢出效应如图 8-6 所示）。而本地绿色技术创新投入直接影响了区域创新环境成熟度，结合企业绿色技术创新驱动机制的空间适配性机制，能够发现污染和技术的空间溢出最终导致企业绿色技术创新驱动机制的空间动态变化。

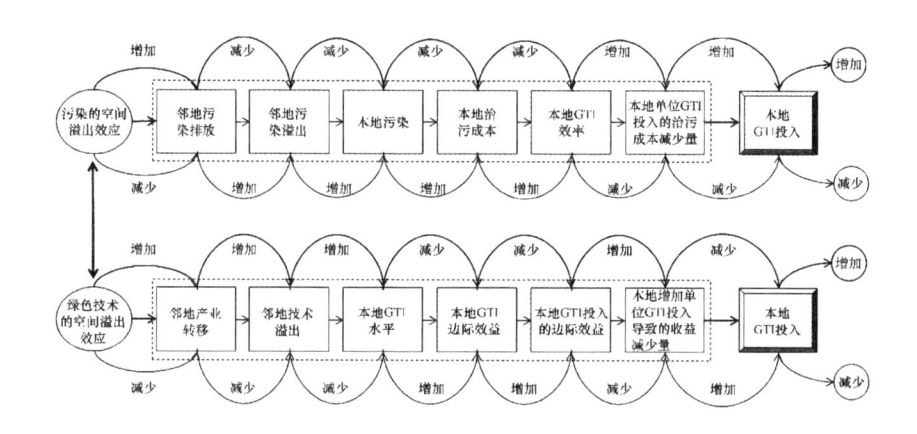

图 8-6　绿色技术和污染的空间溢出效应

第二节　企业绿色技术创新系统建构研究

基于前文对企业绿色技术创新驱动机制的时空分异性分析，本部分以提升企业绿色技术创新动力为核心目标，构建了包含四个子系统的企业绿色技术创新驱动系统。企业绿色技术创新驱动系统的子系统包括绿色技术创新资源子系统、绿色技术创新驱动环境子系统、绿色技术创新驱动要素子系统和绿色技术创新系统韧性控制子系统。企业绿色技术创新驱动系统的基本架构如图 8-7 所示。

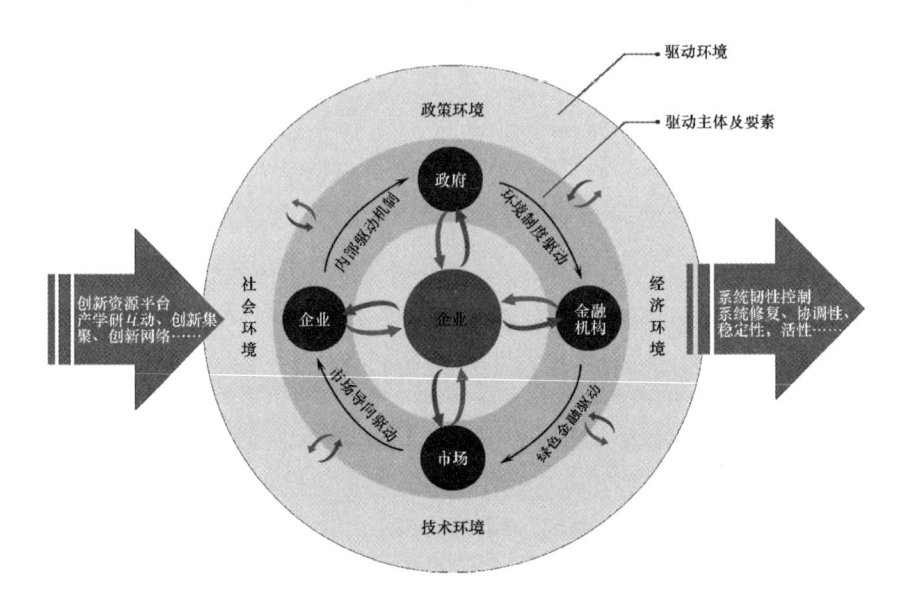

图 8-7 企业绿色技术创新驱动系统架构

一 企业绿色技术创新资源供给平台

要驱动企业绿色技术创新行为，区位优势所带来的创新资源不可忽视。企业所处区域的产、学、研互动能力，创新集聚度和创新网络成熟度等在很大程度上决定了区域内企业绿色技术创新的意愿和效率。因此，构建企业绿色技术创新资源供给平台，利用平台力量整合资源，优化资源质量，使企业绿色技术创新资源供给平台成为企业绿色技术创新的媒介和创新力量源泉，是构建企业绿色技术创新系统的第一步。

增强产、学、研互动能力是企业绿色技术创新资源供给平台的重要任务。高校及科研院所是我国科学研究、知识创新及技术开发的主体，高研发能力、高研发效率是其典型特征。而企业研发

第八章　基于企业绿色技术创新驱动要素时空分异性特征的区域性政策优化研究

能力虽然不及高校及科研院所,但企业的市场贴近度更高,对市场需求也更为敏感,对市场发展所产生的潜在需求更有前瞻性把握。就目前我国企业绿色技术创新现状来看,绿色技术创新成果主要源于高校和科研院所,且绿色科技成果转化率不高。区域产、学、研互动能力体现在把高校和科研院所在科研方面的优势与企业在资金和市场等方面的优势相结合,利用市场机制对资源配置的优化能力,通过产、学、研的最佳结合,实现二者的优势互补,于最大限度上调动绿色技术创新各创新主体的积极性及创造性。

提升专业化的创新集聚度是企业绿色技术创新资源供给平台建构的核心目标。专业化集聚的概念是由 Marshall 最早提出的,Marshall 指出,虽然技术和知识会在行业内会出现溢出效应,但高的技术和知识溢出效率需要行业高的专业化集聚来支撑。[①] 后来的研究中发现,技术和知识的溢出不止会发生在行业或产业内,也会发生在不同行业或产业之间,这一现象被称为多样化集聚,而行业或产业间的技术和知识互补是导致这一现象发生的根源。无论是专业化集聚或是多样化集聚,其正外部性都会促进或倒闭企业进行绿色技术的革新。创新的集聚不仅会提升本地绿色技术创新效率,还会通过空间溢出效应,促进相邻地区绿色技术创新效率的提升。即创新集聚以专业化聚集和多样化聚集两种形式呈现,聚集不仅存在于行业或产业内,也存在于行业和产业间,同时还存在于相邻地域间,多种形式和渠道均对企业的绿色技术创新行为起到促进作用。

完善创新网络是企业绿色技术创新资源供给平台当前的重点目

---

① Marshall, A., "Principles of economics", *Political Science Quarterly*, Vol. 31, No. 77, 1961, pp. 430 – 444.

标。开放经济背景下，技术革新速度不断加快，产品迭代速度与日俱增，单打独斗式的独立创新已经难以满足当前经济发展和社会进步的需求，企业自身所拥有的有限资源和创新能力难以保证其绿色技术进步所需，此时，嵌入外部合作创新网络获取创新资源成为大多数企业提升创新能力、增强自身竞争优势的重要途径。当前大多数企业的绿色技术创新网络都处多重网络叠加、稳定性创新网络较少的困境中，这一困境不仅造成了创新资源的浪费，也导致企业难以持续稳定的输出绿色技术创新成果。企业绿色技术创新资源供给平台的作用因而主要在于整理网络资源，形成清晰、开放且动态的区域及产业绿色技术创新网络，在完善网络节点互动渠道、增强节点互动能力的同时，通过增强网络吸引力不断扩张网络规模，纳入优质绿色技术创新资源和企业，利用创新网络增强创新集聚性，并形成产、学、研三者间的良性互动。

二 企业绿色技术创新驱动环境子系统

企业绿色技术创新生态系统的驱动环境子系统由政策环境、经济环境、技术环境和社会环境组成。这些环境因素协同作用，在一定程度上决定了区域内企业的绿色技术创新基础，同时，这些因素还共同驱动并影响着区域企业绿色技术创新能力和绩效。

从政策环境角度来看，修复和保护生态环境是企业绿色技术创新的终极要义，但由于绿色技术创新的双重外部性，企业自身进行绿色技术创新的动力不足，也不具备自发做出长效绿色技术创新策略的意愿。因此与其他技术创新行为相比，政策环境在绿色技术创新中的强制性和引导性作用尤为重要。能够对企业绿色技术创新产生影响的政策主要有两大类：一类是创新政策；另一类

第八章　基于企业绿色技术创新驱动要素时空分异性特征的区域性政策优化研究

是环境政策。两类政策的关注点各有不同，创新政策主要关注知识的产生及知识的创新，环境政策主要关注环境问题的应对和解决。二者的目标也大相径庭，创新政策以提高竞争力和生产力为目标，环境政策则以保护和修复生态环境为目标。对企业绿色技术创新而言，两类政策都能够对其产生影响，但基于对企业绿色技术创新驱动要素时空分异性的分析能够看出，企业绿色技术创新的不同发展阶段，两类政策的影响效果各不相同。在绿色技术创新的初级阶段，为提升企业绿色技术创新意愿，在政策制定时主要以环境政策为主，整体政策环境以强制性为主要特征；在绿色技术创新发展的中期阶段，创新政策和环境政策协调作用，兼顾着绿色技术创新的环境绩效和经济绩效。在绿色技术创新发展的高级阶段，则转变为以创新政策影响为主，整体政策环境以引导和鼓励为主要特征。

从经济环境角度来看，经济环境是企业绿色技术创新的重要基础环境。经济发达地区，绿色技术创新可用资源往往较为丰富，加之由大量绿色创新型企业聚集而产生的龙头效应和示范效应，会吸引大量企业参与到绿色技术创新之中。从绿色技术创新发展阶段的时序分异性角度来看，相较其他地区而言，发达地区企业的绿色技术创新通常拥有更快的演进速度和更高的演进阶段。绿色技术创新环境与绿色技术创新间存在相互作用机制，绿色技术创新能力的提升，也会在一定程度上促进区域经济的高质量发展。

从技术环境角度来看，正如前文所述，绿色技术创新存在着行业和空间两种溢出效应，因此，绿色技术创新的技术环境实际上由行业绿色技术环境和区域绿色技术环境叠加构成，两种环境共同影响并决定了企业的绿色技术创新环境。企业绿色技术创新能力的提升，从本质上来说，是知识的创新和积累过程，技术环境决定了企业知识获取的难易程度，同时决定了知识在不同企业、行业或区域间的传递和循环速度。优秀的技术创新环境，能够为企业提供创新所需的知识，并且会通过技术溢出使企业获得创新活动中的技术支持，一旦企业取得有效的创新成果，技术环境就能够迅速将该创新成果扩散，继而引发其他企业的效仿。最终，该项创新在通过市场的选择和检验后，将替代原有的旧技术范式，成为新的技术范式。此时，知识和技术也将以技术环境为载体，开始新一轮的传递和扩散。

从社会环境角度来看，社会公众是企业绿色技术创新的直接利益相关者，也对企业绿色技术创新有重要的推动和倒逼影响效果。社会公众是绿色技术创新的需求方，也是绿色技术创新的监督方，更是绿色技术创新的获益方。社会环境对绿色技术创新的影响因此主要表现为倡导和监督。社会公众向往良好的生态环境，因此乐于主动接受绿色产品和绿色技术，随着公众可持续发展意识的提升，绿色化的消费结构革新在大多数区域开始普及并深化。社会公众的这些导向性行为，是企业绿色技术创新的催化剂，这些行为与企业对未来收益的更高预期协同作用，共同促使企业倾向于制定长效绿色技术创新战略。社会环境同时还对企业绿色技术创新起到监督作用，这一监督作用主要通过舆论监督实现。社会公众是企业面对的终端市场，来自终端市场的监督改变了企业原本的竞合关系，倒逼企业提升绿色技术创新能力并改善绿色技术创新绩效。因而，社会环境是企业绿色技术创新面对的重要环境之一。

三 企业绿色技术创新主体及驱动要素子系统

基于企业绿色技术创新驱动要素时空分异性特征，结合要素的"内部—外部"组成结构，建构企业绿色技术创新的驱动主体及要素子系统。其中共包含四个驱动主体，分别是政府、企业、市场和金融机构。同时包含四类驱动要素，分别是环境制度驱动要素、绿色金融驱动要素、市场导向驱动要素及企业内部驱动要素。

环境制度驱动要素是以政府为主体的驱动要素，包含环境制度的多种层次和类型，以强制性、引导性和鼓励性手段贯穿了企业绿色技术创新的全部过程。环境制度是驱动企业绿色技术创新的逻辑源点，是短期内驱动企业绿色技术创新行为或战略制定的主导要素。

在进入企业绿色技术创新的中期阶段后，企业已经制定或形成了企业绿色技术创新的基本战略，企业对绿色技术创新重视程度也在不断加深，且拥有了一定的创新资源，此时，以各类金融机构为主体的绿色金融的主导性地位会超越环境制度，但其仍然耦合于环境制度中，体现出较大程度上的政策导向性特征。除了政策导向型特征，绿色金融也体现出了一定程度的市场性特点，且随着企业绿色技术创新发展阶段的推进，其市场性特征会逐步超越政策性特征，并引导以市场为导向的绿色金融体系逐步建立。

和其他驱动要素一样，以市场为主体的市场驱动要素虽然也始终在影响着企业绿色技术创新行为，但其发挥主导作用的阶段主要是企业绿色技术创新的成熟阶段。进入这一发展阶段，企业普遍已经建立绿色技术创新长效机制，制度的引导和绿色金融的吸引力下降，企业转向于关心市场对其绿色成果的反馈及由此建立的竞争优势。内部驱动要素中的企业对可持续发展的预期也在这一阶段发挥了重要的作用，内部要素和市场要素共同驱动、共同提升企业在绿色技术创新成熟阶段的创新能力和创新绩效。从创新驱动角度来看，内部要素和市场要素还能够驱动更长时期的企业绿色技术创新战略制定和实施。

综上所述，四个驱动主体和四类驱动要素共同驱动了企业的绿色技术创新行为，构成了企业绿色技术创新驱动系统中的驱动主体及要素子系统。这一子系统嵌入企业绿色技术创新驱动环境子系统内，从环境子系统内不间断地汲取创新资源，实现自身要素结构的升级和驱动主体的完善，而驱动要素和主体的改善也会在一定程度上提升创新环境成熟度。两个子系统相辅相成，在交互作用中共同发展进步。

四 企业绿色技术创新的韧性控制子系统

韧性一词最初用以描述物质形变的恢复能力，而后生态学领域引入这一概念，用以代指避免生态系统中物种灭绝的特有属性。社会科学领域参照生态学领域的概念引入模式，针对复杂系统，引入系统韧性这一概念，用以表征系统演进过程中的自我修复力、稳定性调节能力和适应性升级能力。

要保证企业绿色技术创新系统长效可持续发展，系统韧性控制子系统的建设不可或缺。韧性控制子系统一方面能够通过对系统的自我修复力和稳定性调节力为系统的持续稳健发展提供保障；另一方面也能够通过适应性升级功能，使系统主动适应不断变化的内、外部环境，始终保持高的系统活性和协调性。

具体来说，企业绿色技术创新系统中的韧性控制子系统包含以下三方面内涵：首先，韧性控制子系统是基于企业绿色技术创新系统的动态性而构建的，其存在的基本目的是使系统在受到外界干扰时，通过自行修复能够尽快达到平衡状态；其次，韧性子系统以原系统结构为主体框架，以预见、发现和解决系统中存在的问题为控制和调节系统的前提条件；最后，韧性控制子系统具有动态平衡、缓冲、兼容、流动、扁平和去冗余等任务，而企业绿色技术创新系统的韧性是指系统结构功能的自我控制力、自组织、自学习和自适应能力。通过韧性控制子系统，塑造具备高韧性的企业绿色技术创新系统，是韧性控制子系统的终极建设目标。

综上所述，本节基于企业绿色技术创新驱动要素的时空分异性驱动特征建构了企业绿色技术创新系统，并阐释了各子系统间的协同作用原理。该系统的建构，一方面利用创新资源和韧性控制两个子系统，为创新生态系统的可持续运行提供了技术上的保障；另一方面也借助创新能量在系统内部和外部间的循环，在极大限度上优化了创新资源配置，改善了系统内企业绿色技术创新基础，有助于提升企业绿色技术创新意愿，并能协助企业突破创新障碍，打破创新瓶颈，为提升区域企业绿色技术创新能力和绩效提供了行之有效的系统化方案。

第三节　政策优化设计研究

一　建设绿色技术创新资源平台

稀缺且有限的绿色技术创新资源是推动区域"经济—环境"协调发展的重要战略性资源。集聚创新资源、强化创新要素有机整合、增强企业绿色技术创新资源的可获得性是整合、优化企业绿色技术创新资源的核心内容。

已有研究发现，除了强制性的环境制度措施，政府的资金和技术支持，如绿色补贴和税收减免等鼓励性措施对企业绿色创新有显著的积极影响，不仅能够提升企业绿色技术创新意愿，还能够增强企业绿色技术创新行为绩效。也就是说，政府在企业绿色技术创新过程中，一方面扮演了监管人的角色；另一方面也要扮演支持者的角色。企业绿色技术创新行为的正外部性，能够使其在一定程度上分担政府环境保护投入，且能够协助政府完成既定生态环境保护目标，满足社会公众对美好生态环境的需求。但就企业绿色技术创新系统而言，政府的作用还不止如此。增强区域产、学、研互动能力，提升区域和行业创新集聚性及完善绿色技术创新网络都需要在政府的干预下完成。要完成这些任务，需要政府及时建设绿色技术创新资源平台，利用平台对创新资源进行整合和优化，才能保证绿色技术创新系统中创新资源的投入效率。

有鉴于此，绿色技术创新资源平台的运行过程中应着重注意以下几点。

第一，企业通过绿色技术创新资源平台所获得的资金和人力等资源，极有可能在企业发展过程中，有意或者无意地做其他目的之用，为了避免这种资金挤出现象产生，政府不仅要强化对企业的绿色创新资源监管，还要建立健全绿色技术创新绩效评估机制，及时控制或减少对消极创新企业的扶持，在最大限度上提升绿色技术创新资源的使用效率。对于部分企业来说，通过绿色技术创新活动获得政府补贴和税收优惠，是进行绿色技术创新的主要驱动力。这使得它们在短期目标达成后，便不再进行绿色技术创新研发，缺乏持续创新的推动力。这就要求政府必须改革当前单一的审批机制，将绿色技术创新的考核转变为持续性考核，对那些未能达到考核要求的企业，不仅要追回资源投入，还要给予一定处罚。

第二，改善绿色创新人才税制，在现有创新人才的税收优惠标准的基础上，利用提升绿色创新人才个人所得税门槛等方式，增加对绿色创新人才的税收优惠方式和渠道，提高创新人才工作积极性，从企业和政府两个层面，吸引人才、留住人才、提升人才工作热情和工作效率。

第三，实现产、学、研深度融合，构建产、学、研一体化的绿色技术创新研发机制和管理机制。利用政府优势，组织相关行业和企业与高等院校和科研机构的合作、交流及学习，鼓励高等院校和科研机构在企业建立了工作站、实验室及实训基地，以"研发贴近市场""研发服务产业"为目标，积极探索绿色技术创新体系的产、学、研一体化道路，促进知识和技术的推广、培育高校和科研机构专门人才，以适应企业绿色发展需求，实现人才培养模式创新、校企互聘，实施"协同育人、共谋发展"的产、学、研合作之路。

第四，提升创新集聚度，注重创新资源的合理分配。当前的科学技术创新，集聚性特征越来越显著，而绿色技术创新对人才、资金、创新基础、创新环境、辅助机构和社会生态意识的要求较高，随着绿色技术创新发展的深化，核心企业群对高端要素的磁吸效应越来越显著，这一效应能够促进其自身创新发展，提升创新成功的可能性，但同时也抑制了其他企业创新资源的供给。因此，在提升创新集聚度的同时，还应额外关注创新资源在区域企业中的合理调控及分配，避免非核心企业的边缘化效应。

第五，完善创新网络是提升创新资源供给效率的有效途径。伴随着全球化的创新经济发展，区域技术创新网络成为区域经济结构中的重要组成部分，也是区域发展竞争力的关键要素。区域技术创新网络利用其网络化的连接手段，能够有效提升创新主体间的知识吸收和传递效率，降低创新成本。各创新主体及创新网络中的其他节点，借助于创新网络的力量，能够更好地发挥优势，规避劣势，组成互补群体，共同开拓市场并抵御外部风险。区域政府在这一过程中，除了要为创新网络营造适宜的学习环境，还应采取利用创新资源平台的力量，不断修补、完善并扩大创新网络，为企业的绿色技术创新发展提供网络机会。

二 改善绿色技术创新环境

区域内的政策环境、经济环境、社会环境和技术环境共同构成了区域中企业绿色技术创新环境子系统，这一子系统是区域企业绿色技术创新根植的土壤，对企业绿色技术创新的产生和发展起到了至关重要的作用。

第一，政策环境的完善。要建立能够有效促进企业绿色技术创新的政策环境，需要在清晰了解区域内的知识循环传递、技术创新基础、市场规模以及金融支持力度等多维度能力的基础上，综合使用多重政策工具，包括建立政府的环保研发专项资金、设立多样化环境投资渠道及制定绿色产品的政府采买规划，等等。在发挥区域市场需求的同时，也要通过政策方案改革，协助企业降低研发和生产成本，形成研发优势，开拓区域外市场。对于某些产业发展程度低、技术水平差、研发基础薄弱的地区，还应该构建开放式的创新网络，整合全社会资源，来强化绿色技术创新的

第八章 基于企业绿色技术创新驱动要素时空分异性特征的区域性政策优化研究

发展基础。积极引进并推广相关产业和行业的绿色技术，加快本区域企业对绿色技术、绿色工艺、绿色产业和服务、绿色管理流程的学习和创新能力。

第二，经济环境的完善。经济环境的改善并非一朝一夕能够完成，但是在区域现有经济基础的情况下，激励企业高效绿色技术创新行为，有效培育绿色技术创新资源，提升区域绿色技术创新能力和可持续发展竞争力，增强区域经济高质量发展水平，通过顶层战略设计改善绿色技术创新与经济发展间的协调性，完善保护环境与经济发展的综合决策机制，一方面强化政府在环境修复、经济发展与绿色技术创新间的政策联动；另一方面，充分发挥市场的激励机制，引导和带动相关企业参与到绿色技术创新中，保护知识产权，激励协同创新，为绿色技术创新创造更为适宜的经济发展环境。

第三，技术环境的完善。企业所处的社会环境中科技要素的集合构成了企业的技术环境。和经济环境一样，技术环境的改善无法一蹴而就，需要针对当前科技创新的复杂性制定长远战略规划，由各级政府各自担当相应的创新责任，整合创新技术资源，革新创新所需技术手段，完善创新网络中的技术链接，多主体共同推进并形成合力，才能最终达到技术环境的改善的目标，使创新的技术环境加快发展，发挥出巨大动能。

第四，社会环境的完善。就社会公众环保意识来看，当前我国公众环保问题的关注度虽然很高，但普遍性的认知偏差较为严重，且公众环保参与度较低。[①] 因而想要改善绿色技术创新的社会环

---

① 中国环境文化促进会：《民生指数中国公众环保指数 2019 年度报告》。

境，提升公众环保意识要从纠正认知和提升参与度入手。要纠正认知并提升公众参与度，就要求各级政府统一协调，可以采用的方式包括在新闻媒体和网络门户等开设环保专栏，针对当地环保的重点、难点及热点问题，追踪报道，并增强对环境违法违规事件的曝光度。同时，还要在居民聚集区举办公益性专题讲座、在中小学开设环保课程、张贴标语并印发宣传材料，采用多重手段普及环保知识。使公众真切体会到环境保护的重要性、迫切性，唤醒公众爱护环境和保护家园的热情。

三 综合完善绿色技术创新驱动主体及驱动要素

驱动主体及驱动要素子系统是企业绿色技术创新驱动系统的核心组成部分，驱动主体的协同运作，驱动要素的叠加驱动，需要正确有序的引导，才能够最大限度发挥子系统的创新驱动效果。

习近平总书记指出，"企业是科技和经济紧密结合的重要力量，应该成为技术创新决策、研发投入、科研组织、成果转化的主体"[1]。明确了我国技术创新工作中企业的主体地位，同时也明确了企业在技术创新过程中的主要任务。

要强化企业在绿色技术创新过程中的主体地位，就必须促进绿色技术、环境绩效与经济发展紧密结合，培育有影响力的绿色技术创新领军企业。深入贯彻和落实习近平总书记提出的"制定和落实鼓励企业技术创新各项政策，强化企业创新倒逼机制，加强对中小企业技术创新支持力度，推动流通环节改革和反垄断反不

---

[1] 习近平：《为建设世界科技强国而奋斗：在全国科技创新大会、两院院士大会、中国科协第九次全国代表大会上的讲话》，人民出版社2016年版，第15页。

正当竞争,引导企业加快发展研发力量"①。调整企业内部创新决策和组织模式,强化企业外部的政策支持,发挥好政府的引导、调控作用和市场的主体作用。同时,还要深入了解绿色技术创新的生态规律以及市场规律,在修复和改善生态环境的同时,利用市场进行创新资源的优化配置,尽快发展知识产权保障制度,利用对知识产权的保护激励创新。注重强化人员和企业激励机制,给予突出企业、快速成长企业以及绿色技术创新人员更大强度的经济回报及精神鼓励。注重发挥企业家和技术技能人才队伍创新作用,就要把人才作为创新的第一资源,充分激发企业家和创新人才的创新活力。

要强化企业在绿色技术创新过程中的主体地位,就要通过政策手段、金融手段和市场手段,多重手段叠加来引导并支持企业提升绿色技术研发能力。在具备条件的行业龙头骨干企业中,布局重量级技术研发平台,发挥这些企业的示范作用。同时,还要优化绿色技术创新实验室、重点创新实验室及相关研究中心的布局,将各类实验室和研发中心按功能定位重新分类整合,鼓励科研机构高效开放实验室,为企业提供更多技术支持。探索以企业为主导、多元投资模式、院校深度协作、成果共享的全新绿色技术研发模式。

四 提升绿色技术创新驱动系统的韧性

绿色技术创新驱动机制始终处于动态变化和演进过程中,因而引入系统韧性控制子系统,用以增强系统柔性、提升系统协调性、

---

① 习近平:《为建设世界科技强国而奋斗:在全国科技创新大会、两院院士大会、中国科协第九次全国代表大会上的讲话》,人民出版社2016年版,第15页。

改进系统稳定性并完善系统适应性。力求创新驱动系统能够达到及时发现改变并柔性应对改变，且随着科技社会的进步实现系统的自我学习、升级和发展，保持系统活性，持续驱动企业为经济社会发展输出高质量绿色技术创新成果。

系统韧性控制机制的建构及其对系统的完善和治理是一个极为复杂的实施模式，需要跨系统、跨主体、跨组织、跨行业的多元化网络协同。而从绿色技术创新系统本身来看，系统也迫切需要这样一个集多重功能于一身的伴生辅助系统用以增强其应对外部冲击的能力。

(一) 依据系统的类生态属性分配创新资源

绿色技术创新系统具有主体多样性、系统演进性、资源流动性等特征，这也是韧性子系统的主要控制方向。但与此同时，不可忽视的是系统内在的类生态属性，因而在韧性控制时不能忽视系统生态属性带来的其与内、外部环境的协调性和主动及被动适应性。唯有真正关注并正确解析企业在绿色技术创新系统中所处的生态位，才能够做到创新资源在系统内部的合理分配，而资源的优化分配能够在一定程度上应对产、学、研结合度低，创新基础差及创新能力不足等问题。韧性子系统，通过提升系统内部主体间的关联，调整绿色技术创新环境，增强要素流动性等方面，全面增强系统协调性，最终引领相关政策制定由经验探索向标准量化的转变。

(二) 韧性控制子系统的时空双维度监测及预警

依据绿色技术创新系统特性而设计的系统韧性控制子系统，应采取实时监测，追踪监测的手段，通过有针对性的监测方案为推动企业绿色技术创新系统多元化治理体系的形成提供最优解决方案。企业绿色技术创新系统内的核心驱动子系统，其驱动要素具有典型的时空分析性特征，因此韧性控制子系统也应据此构建时间和空间双维度监测及预警机制，持续监测绿色技术创新系统发展和演进阶段，并对未来可能遭遇的困境予以提前警示，为绿色技术创新系统提供治理依据。从时序变化角度来看，韧性控制系统会累积相关韧性变化数据，实现对绿色技术创新发展阶段的识别和未来发展障碍的预警。从空间变化角度来看，韧性控制系统通过对系统内部的全空间扫描衡量系统内地区、企业和行业发展的均衡情况，资源分配的合理度以及创新各主体建设情况，从而从宏观层面进行资源优化配置、创新主体治理及系统均衡度调整等工作。基于企业绿色技术创新的实际需求，运用大数据采集，典型案例分析等手段，革新或替代传统政策分析方法，实现区域绿色技术创新系统的精准测度，并及时做好经验推广工作，改善相关区域和行业的绿色技术创新环境，形成更大范围的绿色技术创新系统融合。

（三）在技术增效基础上强化系统的精准治理

当前企业绿色技术创新的产品和服务供给的碎片化程度较高，同时伴随着一定程度的同质化问题，导致绿色技术创新的产品和服务出现供给效率相对低下的现象，究其原因，主要在于企业参与市场的盲目性。因此，针对异质性绿色技术创新企业和行业，为避免其在参与市场的过程中过于盲目，要采用差异性系统治理方案应对不同绿色技术创新场景和异质性对象，帮助企业掌握市场信息，鼓励企业以绿色技术叠加、嵌入等方式，参与绿色技术设备的集成开发，并分享设备及绿色成果的推广使用权。完善绿色技术产品研发过程中的配套服务，拓宽绿色技术实时反馈渠道，提供基于普通场景、特殊场景、模拟未来场景的动态化、精准化和常态化应急治理方案。创新资源的定向输送，使绿色技术创新系统的韧性控制子系统成为主动适应多种绿色技术情境的综合性、前瞻性技术解决方案。配套开发相应的软件支持系统并成立政府的协同治理部门，将整合性、创新性、规范性治理理念通过韧性控制子系统，转化为区域绿色技术创新的硬件和软硬件支持系统，以治理方案的创新增强韧性子系统的治理效度。

韧性控制子系统是企业绿色技术创新系统的重要组成部分，从根源来讲，该子系统运行实质就是通过注重优先事项的设置提高系统能效和供给，运用创新的思路和手段分析并解决问题，应对系统演化发展中可能出现的各种不确定性问题，保证绿色技术创新能源在系统内分配的公平性、合理性和可持续性，据此为建设可持续发展的绿色技术创新系统提供保障。

参考文献

中文参考文献

《马克思恩格斯选集》(第四卷),人民出版社1995年版。

马克思:《资本论》(第三卷),人民出版社2004年版。

习近平:《为建设世界科技强国而奋斗:在全国科技创新大会、两院院士大会、中国科协第九次全国代表大会上的讲话》,人民出版社2016年版。

安国俊:《绿色金融推动绿色技术创新的国际比较及借鉴》,《银行家》2019年第3期。

安国俊:《绿色金融支持绿色技术创新体系正当其时》,中国金融新闻网,2019年11月22日。

白俊红、聂亮:《能源效率、环境污染与中国经济发展方式转变》,《金融研究》2018年第10期。

曹洪军、陈泽文:《内外环境对企业绿色创新战略的驱动效应——高管环保意识的调节作用》,《南开管理评论》2017年第6期。

曹康康:《绿色技术创新的伦理研究论纲》,《自然辩证法研究》2019年第10期。

陈劲、李飞宇:《社会资本:对技术创新的社会学诠释》,《科学学研究》，2001 年第 3 期。

陈力田、朱亚丽、郭磊：《多重制度压力下企业绿色创新响应行为动因研究》，《管理学报》2018 年第 5 期。

陈清、张梓瑞、谢义平、唐承林：《基于熵—耦合模型的区域经济、社会环境与体育产业的协调度研究》，《武汉体育学院学报》2018 年第 7 期。

陈守明、孙晶晶：《高管团队职能异质性与企业国际化——论企业高管团队注意力的中介作用》，《经济论坛》2016 年第 1 期。

陈悦明、葛玉辉、宋志强：《高层管理团队断层与企业战略决策的关系研究》，《管理学报》2012 年第 11 期。

程翠凤：《高管激励、股权集中度与企业研发创新战略——基于制造业上市公司面板数据调节效应的实证》，《华东经济管理》2018 年第 11 期。

仇勇、王文周：《团队断层的内涵、测量及效应：研究述评与展望》，《科技进步与对策》2018 年第 1 期。

崔学刚、方创琳、张蔷：《京津冀城市群环境规制强度与城镇化质量的协调性分析》，《自然资源学报》2018 年第 4 期。

党建华、瓦哈甫·哈力克、张玉萍、邓宝山、麦尔哈巴·麦提尼亚孜：《吐鲁番地区人口—经济—生态耦合协调发展分析》，《中国沙漠》2015 年第 1 期。

董直庆、王辉：《环境规制的"本地—邻地"绿色技术进步效应》，《中国工业经济》2019 年第 1 期。

傅京燕、李丽莎：《环境规制、要素禀赋与产业国际竞争力的实证研究——基于中国制造业的面板数据》，《管理世界》2010 年第 10 期。

高苇、成金华、张均:《异质性环境规制对矿业绿色发展的影响》,《中国人口·资源与环境》2018年第11期。

关洪军、赵爱武、杜建国:《企业绿色技术创新行为研究》,经济科学出版社2017年版。

郭滕达、魏世杰、李希义:《构建市场导向的绿色技术创新体系:问题与建议》,《自然辩证法研究》2019年第7期。

韩立丰:《并购变革背景下团队断层特征与整合机制研究》,浙江大学,2013年。

何凌云、梁霄、杨晓蕾、钟章奇:《绿色信贷能促进环保企业技术创新吗》,《金融经济学研究》2019年第5期。

黄金鑫、陆奇岸:《团队注意力配置对团队绩效的作用机制研究:以团队过程为中介》,《当代经济管理》2016年第1期。

贾理群、刘旭、汪应洛:《新熊彼特主义学派关于技术创新理论的研究进展》,《中国科技论坛》1995年第5期。

江珂:《环境规制对中国技术创新能力影响及区域差异分析——基于中国1995—2007年省际面板数据分析》,《中国科技论坛》2009年第10期。

姜宇涵、罗杨梅、恽瑞丽:《汽车制造企业绿色创新投入与财务绩效的相关性研究》,《财务与金融》2018年第1期。

姜再勇、魏长江:《政府在绿色金融发展中的作用、方式与效率》,《兰州大学学报》(社会科学版)2017年第6期。

金瑶梅:《何以引领美丽中国建设——绿色发展理念的理论渊源》,《探索与争鸣》2017年第11期。

邝嫦娥、路江林:《环境规制对绿色技术创新的影响研究——来自湖南省的证据》,《经济经纬》2019年第2期。

李斌、彭星、陈柱华:《环境规制、FDI 与中国治污技术创新——基于省际动态面板数据的分析》,《财经研究》2011 年第 10 期。

李德毅、刘常昱:《论正态云模型的普适性》,《中国工程科学》2004 年第 8 期。

李广培、李艳歌、全佳敏:《环境规制、R&D 投入与企业绿色技术创新能力》,《科学学与科学技术管理》2018 年第 11 期。

李国俊、陈梦曦:《习近平绿色发展理念:马克思主义生态文明观的理论创新》,《学术交流》2017 年第 12 期。

李敬子、毛艳华、蔡敏容:《城市服务业对工业发展是否具有溢出效应?》,《财经研究》2015 年第 12 期。

李昆:《绿色技术创新的平台效应研究——以新能源汽车技术创新及商业化为例》,《外国经济与管理》2017 年第 11 期。

李楠博:《本土情境下高管团队断裂带对企业绿色技术创新的影响》,《科技进步与对策》2019 年第 17 期。

李楠博:《环境规制与企业绿色技术创新——一个条件过程分析》,《内蒙古社会科学》(汉文版)2019 年第 6 期。

李楠博:《压力与期冀:生态文明视域下企业绿色技术创新的驱动机制研究》,《求是学刊》2020 年第 1 期。

李瑞琴:《环境规制、制度质量与绿色技术创新》,《现代经济探讨》2019 年第 10 期。

李婉红:《中国省域工业绿色技术创新产出的时空演化及影响因素:基于 30 个省域数据的实证研究》,《管理工程学报》2017 年第 2 期。

李婉红、毕克新、孙冰:《环境规制强度对污染密集行业绿色技术创新的影响研究——基于 2003—2010 年面板数据的实证检验》,

《研究与发展管理》2013年第6期。

李武威、张园园：《高管团队断裂带对企业绩效的影响：回顾与展望》，《财会月刊》2018年第23期。

李小青、吕靓欣：《董事会社会资本、群体断裂带与企业研发效率——基于随机前沿模型的实证分析》，《研究与发展管理》2017年第4期。

李志青：《绿色金融的重心是推动绿色发展》，《长江日报》2017年9月18日第12版。

林明、戚海峰、鞠芳辉：《国企高管团队任务断裂带、混合股权结构与创新绩效》，《科研管理》2018年第8期。

林明、戚海峰、李兴森：《混合所有制企业高管团队断裂带对突破性创新绩效的影响：基于混合高管结构权力平衡的调节效应》，《预测》2016年第4期。

刘宝涛、王鑫淼、刘帅、郅瑞卿：《基于正态云模型的吉林省耕地生态安全诊断》，《地域研究与开发》2019年第3期。

刘斌斌、黄吉焱：《FDI进入方式对地区绿色技术创新效率影响研究——基于环境规制强度差异视角》，《当代财经》2017年第4期。

刘斌斌、严武、黄小勇：《信贷错配对我国绿色技术创新的影响分析——基于地区环境规制差异的视角》，《当代财经》2019年第9期。

刘博、张多蕾、刘海兵：《高管团队社会资本断裂与企业创新能力关系研究——CEO权力的调节作用》，《华东经济管理》2018年第7期。

刘海兵、王莉、肖强：《促进还是阻碍？高管团队断层对技术创新的影响——基于中国民营制造业 2014—2016 年的经验证据》，《海南大学学报》（人文社会科学版）2018 年第 4 期。

刘宏海、魏红刚：《绿色金融：问题和建议——以京津冀协同发展为案例》，《银行家》2016 年第 12 期。

刘津汝、曾先峰、曾倩：《环境规制与政府创新补贴对企业绿色产品创新的影响》，《经济与管理研究》2019 年第 6 期。

刘满凤、朱文燕：《不同环境规制工具触发"波特效应"的异质性分析——基于地方政府竞争视角》，《生态经济》2020 年第 11 期。

刘洋：《基于可拓理论和蒙特卡洛模拟的食品产业集群发展潜力研究》，《湖北农业科学》2017 年第 13 期。

刘颖、钟田丽：《连锁董事影响管理者负债融资决策吗？——基于风险承担视角的实证检验》，《内蒙古社会科学》（汉文版）2019 年第 4 期。

刘振、刘博：《股权集中度、管理者薪酬组合与自主创新投资》，《科研管理》2018 年第 12 期。

马莉莉、谢钦：《社会资本对上市公司资本结构动态调整的影响》，《湖北大学学报》（哲学社会科学版）2019 年第 1 期。

马连福、张燕、高塬：《董事会断裂带与公司创新战略决策——基于技术密集型上市公司的经验数据》，《预测》2018 年第 2 期。

孟瑜：《学校社会资本的概念、作用与构建》，《北京教育学院学报》2018 年第 6 期。

潘清泉、唐刘钊、韦慧民：《高管团队断裂带、创新能力与国际化战略——基于上市公司数据的实证研究》，《科学学与科学技术管理》2015 年第 10 期。

彭文斌、文泽宙：《绿色创新与中国经济高质量发展》，《江汉论坛》2019 年第 9 期。

彭雪蓉、魏江：《利益相关者环保导向与企业生态创新——高管环保意识的调节作用》，《科学学研究》2015 年第 7 期。

邵传林、段博：《绿色金融与创新驱动发展的耦合机制研究》，《西安财经学院学报》2019 年第 5 期。

申开丽、张盈盈、姜利杰、刘瑜、毛惠萍：《浙江省环境规制与产业结构的耦合协调分析》，《环境污染与防治》2020 年第 6 期。

沈能、周晶晶：《技术异质性视角下的我国绿色创新效率及关键因素作用机制研究：基于 Hybrid DEA 和结构化方程模型》，《管理工程学报》2018 年第 4 期。

苏敬勤、马欢欢、张帅：《中小制造企业技术创新能力演化机理研究》，《科学学研究》2020 年第 10 期。

孙少楠、邢义龙、崔颢：《基于 AHP – 熵值法和云模型的移民信息化的标准度研究》，《水力发电》2021 年第 1 期。

谭德庆、商丽娜：《制造业升级视角下环境规制对区域绿色创新能力的影响研究》，《学术论坛》2018 年第 2 期。

滕泽伟：《中国服务业绿色全要素生产率的空间分异及驱动因素研究》，《数量经济技术经济研究》2020 年第 11 期。

天大研究院课题组、王元龙、马昀、王思程、刘宇婷、叶敏：《中国绿色金融体系：构建与发展战略》，《财贸经济》2011 年第 10 期。

田翠香：《环境税影响企业绿色技术创新的主从博弈分析》，《财经问题研究》2020 年第 9 期。

田红彬、郝雯雯：《FDI、环境规制与绿色创新效率》，《中国软科学》2020 年第 8 期。

田红娜、孙钦琦：《基于云模型的汽车制造企业绿色技术创新能力评价研究》，《管理评论》2020年第2期。

涂智苹、宋铁波：《制度压力下企业战略反应研究述评与展望》，《外国经济与管理》2016年第11期。

汪明月：《用市场政府"两只手"推动绿色技术向前》，《科技日报》2021年1月11日第8版。

汪明月、李颖明、毛逸晖、张浩：《市场导向的绿色技术创新机理与对策研究》，《中国环境管理》2019年第3期。

汪沛、葛玉辉：《高管团队断裂带对创新绩效的影响研究》，《科技管理研究》2018年第17期。

王班班：《环境政策与技术创新研究述评》，《经济评论》2017年第4期。

王锋、王瑞琦：《中国经济高质量发展研究进展》，《当代经济管理》2021年第2期。

王锋正、陈方圆：《董事会治理、环境规制与绿色技术创新——基于我国重污染行业上市公司的实证检验》，《科学学研究》2018年第2期。

王凤荣、王康仕：《"绿色"政策与绿色金融配置效率——基于中国制造业上市公司的实证研究》，《财经科学》2018年第5期。

王娟茹、张渝：《环境规制、绿色技术创新意愿与绿色技术创新行为》，《科学学研究》2018年第2期。

王力沛：《中国传统自然观与当代绿色发展》，《南都学坛》2016年第3期。

王郁蓉：《我国各区域企业绿色技术创新绩效比较研究》，《技术经济》2012年第10期。

卫武、易志伟：《高管团队异质性、断层线与创新战略——注意力配置的调节作用》，《技术经济》2017年第1期。

卫旭华、刘咏梅、岳柳青：《高管团队权力不平等对企业创新强度的影响——有调节的中介效应》，《南开管理评论》2015年第3期。

魏月如：《高管团队断裂带对变革型领导与企业绩效关系的调节作用》，《领导科学》2018年第14期。

温忠麟、叶宝娟：《有调节的中介模型检验方法：竞争还是替补？》，《心理学报》2014年第5期。

吴建祖、曾宪聚、赵迎：《高层管理团队注意力与企业创新战略——两职合一和组织冗余的调节作用》，《科学学与科学技术管理》2016年第5期。

西南财经大学发展研究院、环保部环境与经济政策研究中心课题组：《绿色金融与可持续发展》，《金融论坛》2015年第10期。

向书坚、郑瑞坤：《中国绿色经济发展指数研究》，《统计研究》2013年第3期。

肖仁桥、宋莹、钱丽：《企业绿色创新产出及其空间溢出效应研究——基于两阶段价值链视角》，《财贸研究》2019年第4期。

谢果、赵晓琴、王悠悠、张洋：《政府竞争、产业集聚与地方绿色发展》，《华东经济管理》2021年第2期。

谢荣辉：《环境规制、引致创新与中国工业绿色生产率提升》，《产业经济研究》2017年第2期。

徐建中、贯君、林艳：《制度压力、高管环保意识与企业绿色创新实践——基于新制度主义理论和高阶理论视角》，《管理评论》2017年第9期。

徐建中、贯君、林艳：《制度压力、高管环保意识与企业绿色创新实践——基于新制度主义理论和高阶理论视角》，《管理评论》2017年第9期。

徐烁然、易明：《构建市场导向的绿色技术创新体系（新知新觉）》，《人民日报》2018年8月2日。

闫莹、孙亚蓉、耿宇宁：《环境规制政策下创新驱动工业绿色发展的实证研究——基于扩展的CDM方法》，《经济问题》2020年第8期。

颜青、殷宝庆：《环境规制工具对绿色技术进步的差异性影响》，《科技管理研究》2020年第12期。

杨朝辉：《创新经济理论的马克思主义渊源分析》，《青海社会科学》2014年第4期。

杨国忠、席雨婷：《企业绿色技术创新活动的融资约束实证研究》，《工业技术经济》2019年第11期。

杨建君、盛锁：《股权结构对企业技术创新投入影响的实证研究》，《科学学研究》2007年第4期。

姚珺、李华晶、商迪：《绿色技术创新研究评述与实践启示》，《生态经济》2020年第8期。

尹庆民、顾玉铃：《环境规制对绿色经济效率影响的门槛模型分析——基于产业结构的交互效应》，《工业技术经济》2020年第8期。

余伟、陈强、陈华：《环境规制、技术创新与经营绩效——基于37个工业行业的实证分析》，《科研管理》2017年第2期。

俞岚：《绿色金融发展与创新研究》，《经济问题》2016年第1期。

袁文融、杨震宁：《主动还是被动：企业环保战略与绿色技术创新》,《技术经济》2020 年第 7 期。

曾繁清、叶德珠:《金融体系与产业结构的耦合协调度分析——基于新结构经济学视角》,《经济评论》2017 年第 3 期。

曾学文、刘永强、满明俊、沈启浪:《中国绿色金融发展程度的测度分析》,《中国延安干部学院学报》2014 年第 6 期。

张才国、叶竹青:《绿色发展的理论来源、基本准则和科学举措》,《郑州航空工业管理学院学报》2016 年第 5 期。

张钢、张小军:《企业绿色创新战略的驱动因素:多案例比较研究》,《浙江大学学报》(人文社会科学版) 2014 年第 1 期。

张江雪、张力小、李丁:《绿色技术创新:制度障碍与政策体系》,《中国行政管理》2018 年第 2 期。

张涛:《新时代中国特色社会主义绿色发展观研究》,《内蒙古社会科学(汉文版)》2018 年第 1 期。

赵芳、程松松:《外部压力、技术创新与企业环境表现——一个有中介的调节模型》,《学习与探索》2019 年第 6 期。

赵莉、张玲:《媒体关注对企业绿色技术创新的影响:市场化水平的调节作用》,《管理评论》2020 年第 9 期。

赵卢雷:《西方技术创新理论的产生及演变历程综述》,《江苏经贸职业技术学院学报》2020 年第 3 期。

中国环境文化促进会:《民生指数中国公众环保指数 2019 年度报告》。

钟榴、郑建国:《制度同构下的绿色管理驱动力模型与创新路径研究》,《科技进步与对策》2014 年第 12 期。

钟杨:《中国城市居民环保态度蓝皮书(2018)》,上海人民出版社 2018 年版。

钟杨、陈永国、王奎明：《中国城市居民环保态度蓝皮书（2013—2015）》，上海人民出版社2016年版。

周杰琦、梁文光：《环境规制能否有效驱动高质量发展？——基于人力资本视角的理论与经验分析》，《北京理工大学学报》（社会科学版）2020年第5期。

周京奎、王文波、张彦彦：《"产业—交通—环境"耦合协调发展的时空演变——以京津冀城市群为例》，《华东师范大学学报》（哲学社会科学版）2019年第5期。

周莉、许佳慧：《创业投资对企业技术创新能力的影响》，《山西财经大学学报》2020年第12期。

［美］科斯：《财产权利与制度变迁》，刘守英译，格致出版社，上海三联书店、上海人民出版社2014年版。

英文参考文献

Ambec S., Cohen M. A., Elgie S., et al., "The Porter Hypothesis at 20: Can Environmental Regulation Enhance Innovation and Competitiveness?", *Review of Environmental Economics and Policy*, Vol. 7, No. 1, 2013.

Andrew F. Hayes, Nicholas J. Rockwood., "Conditional Process Analysis: Concepts, Computation, and Advances in the Modeling of the Contingencies of Mechanisms", *American Behavioral Scientist*, Vol. 64, No. 1, 2020.

Apak S., Atay E., "Global Competitiveness in the EU Through Green Innovation Technologies and Knowledge Production", *Procedia-Social and Behavioral Sciences*, No. 181, 2015.

Bansal P., Gao J., Qureshi I., "The Extensiveness of Corporate Social and Environmental Commitment Across Firms Over Time", *Organization Studies*, Vol. 35, No. 7, 2014.

Bezrukova K., Jehn K. A., Zanutto E. L., et al., "Do Workgroup Faultlines Help or Hurt? A Moderated Model of Faultlines, Team Identification, and Group Performance", *Organization Science*, Vol. 20, No. 1, 2009.

Braun E., Wield D., "Regulation as a Means for the Social Control of Technology", *Technology Analysis & Strategic Management*, Vol. 6, No. 3, 1994.

Brunnermeier S. B., Cohen M. A., "Determinants of Environmental Innovation in US Manufacturing Industries", *Journal of Environmental Economics and Management*, Vol. 45, No. 2, 2003.

Carraro C., "Environmental Technological Innovation and Diffusion: Model Analysis", *Innovation-Oriented Environmental Regulation*, Vol. 10, No. 22, 2000.

Carton A. M., Cummings J. N., "A Theory of Subgroups in Work Teams", *Academy of Management Review*, Vol. 37, No. 3, 2012.

Chakraborty P., Chatterjee C., "Does Environmental Regulation Indirectly Induce Upstream Innovation? New Evidence from India", *Research Policy*, Vol. 46, No. 5, 2017.

Chan H. K., Yee R. W. Y., Dai J., et al., "The Moderating Effect of Environmental Dynamism on Green Product Innovation and Performance", *International Journal of Production Economics*, No. 181, 2016.

Chen S., Golley J., "'Green' Productivity Growth in China's Industrial Economy", *Energy Economics*, No. 44, 2014.

Chen X., Yi N., Zhang L., et al., "Does Institutional Pressure Foster Corporate Green Innovation? Evidence from China's Top 100 Companies", *Journal of Cleaner Production*, No. 188, 2018.

Chen Y. S., Chang C. H., Wu F. S., "Origins of Green Innovations: the Differences Between Proactive and Reactive Green Innovations", *Management Decision*, No. 50, 2012.

Chrobot-Mason D., Ruderman M. N., Weber T. J., et al., "The Challenge of Leading on Unstable Ground: Triggers That Activate Social Identity Faultlines", *Human Relations*, Vol. 62, No. 11, 2009.

Cleff T., Rennings K., "Determinants of Environmental Product and Process Innovation", *European Environment*, Vol. 9, No. 5, 1999.

Czyewski B., Matuszczak A., Kryszak U., et al., "Efficiency of the EU Environmental Policy in Struggling With Fine Particulate Matter (PM2.5): How Agriculture Makes A Difference?", *Sustainability*, Vol. 11, No. 18, 2019.

Damanpour F., "Organizational Complexity and Innovation: Developing and Testing Multiple Contingency Models", *Management Science*, No. 42, 1996.

De Cleyn S. H., Braet J., "Do Board Composition and Investor Type Influence Innovativeness in Smes?", *International Entrepreneurship and Management Journal*, Vol. 8, No. 3, 2012.

Deng Z., Hofman P. S., Newman A., "Ownership Concentration and Product Innovation in Chinese Private Smes", *Asia Pacific Journal of*

Management, Vol. 30, No. 3. 2013.

Dutrénit G., Natera J. M., Puchet A. M., et al., "Development Profiles and Accumulation of Technological Capabilities in Latin America", *Technological Forecasting and Social Change*, No. 145, 2019.

DíAz-GarcíA. C., GonzáLez-Moreno Á, SáEz-MartíNez F. J., "Eco-innovation: Insights from A Literature Review", *Innovation*, No. 17, 2015.

Escobar L. F., Vredenburg H., "Multinational Oil Companies and the Adoption of Sustainable Development: A Resource-Based and Institutional Theory Interpretation of Adoption Heterogeneity", *Journal of Business Ethics*, No. 98, 2011.

Fanhua Z., Xiaodong H., Yangfen W., "Research on the Mass Innovation Drive Mechanism and Innovation Mode of Manufacturing Industry Transformation and Upgrading", *Science & Technology Progress and Policy*, No. 23, 2016.

Georgakakis D., Greve P., Ruigrok W., "Top Management Team Faultlines and Firm Performance: Examining the CEO-TMT Interface", *The Leadership Quarterly*, Vol. 28, No. 6, 2017.

Guo Fu, Chunyou Wu, Xiaoli Lu., "Research on Green Technology Innovation in China Based on Standard Deviational Ellipse", *Proceedings of 2017 2nd EERES International Conference on Management, Economics and Social Development (EERES-MESD 2017)*, Ed., Information Engineering Research Institute, 2017.

Hall B. H., Helmers C., "Innovation and Diffusion of Clean/Green

Technology: Can Patent Commons Help?", *Journal of Environmental Economics and Management*, Vol. 66, No. 1, 2013.

Hansen U. E., Ockwell D., "Learning and Technological Capability Building in Emerging Economies: The Case of the Biomass Power Equipment Industry in Malaysia", *Technovation*, Vol. 34, No. 10, 2014.

Hayes A. F., *Introduction to Mediation, Moderation, and Conditional Process Analysis: A Regression-Based Approach*, New York: Guilford Publications, 2017.

Horbach J., "Determinants of Environmental Innovation—New Evidence from German Panel Data Sources", *Research Policy*, Vol. 37, No. 1, 2008.

Horst Hanusch, Andreas Pyka, *Elgar Companion to Neo-Schumpeterian Economics*, London: Edward Elgar Publishing, 2007.

Hutzschenreuter T., Horstkotte J., "Performance Effects of Top Management Team Demographic Faultlines in the Process of Product Diversification", *Strategic Management Journal*, Vol. 34, No. 6, 2013.

Johnson S. G., Schnatterly K., Hill A. D., "Board Composition Beyond Independence: Social Capital, Human Capital, and Demographics", *Journal of Management*, Vol. 39, No. 1, 2013.

Kamien M., Schwartz N. L., "Conjectural Variations", *Discussion Papers*, Vol. 16, No. 2, 1980.

Kemp R. P. M., "Environmental Policy and Technical Change: A Comparison of the Technological Impact of Policy Instruments", Universitaire Pers Maastricht, 1995.

Khanna S. , "Measuring the CRM ROI: Show Them Benefits", http: //www. crmforum. com, 2013.

Lau D. C. , Murnighan J. K. , "Demographic Diversity and Faultlines: the Compositional Dynamics of Organizational Groups", *Academy of Management Review*, Vol. 23, No. 2, 1998.

Li D. , Zheng M. , Cao C. , et al. , "The Impact of Legitimacy Pressure and Corporate Profitability on Green Innovation: Evidence from China Top 100", *Journal of Cleaner Production*, No. 141, 2017.

Li F. , Ding D. Z. , "The Effect of Institutional Isomorphic Pressure on the Internationalization of Firms in an Emerging Economy: Evidence from China", *Asia Pacific Business Review*, Vol. 19, No. 4, 2013.

Li, J. , Hambrick, D. C. , "Factional Groups: A New Vantage on Demographic Faultlines, Conflict, and Disintegration in Work Teams", *Academy of Management Journal*, Vol. 48, No. 5, 2005.

Li K. , Lin B. , "Economic Growth Model, Structural Transformation, and Green Productivity in China", *Applied Energy*, No. 187, 2017.

Li Y. , Cui L. , "The Influence of Top Management Team on Chinese Firms' FDI Ambidexterity", *Management and Organization Review*, No. 2, 2018.

Liao Z. , "Institutional Pressure, Knowledge Acquisition and A Firm's Environmental Innovation", *Business Strategy and the Environment*, No. 27, 2018.

Lin Y. , Chen Y. , "Determinants of Green Competitive Advantage: the Roles of Green Knowledge Sharing, Green Dynamic Capabilities, and Green Service Innovation", *Quality & Quantity*, Vol. 51, No. 4,

2017.

Lins K. V., Servaes H., Tamayo A., "Social Capital, Trust, and Firm Performance: the Value of Corporate Social Responsibility During the Financial Crisis", *The Journal of Finance*, Vol. 72, No. 4, 2017.

Lyles M. A., Flynn B. B., Frohlich M. T., "All Supply Chains Don't Flow Through: Understanding Supply Chain Issues in Product Recalls", *Management and Organization Review*, Vol. 4, No. 2, 2008.

Mansfield E., "Patents and Innovation: an Empirical Study", *Management Science*, Vol. 32, No. 2, 1986.

Maskel l. P., *Social Capital, Innovation, and Competitiveness, Social Capital*, London: Oxford University Press, 2000.

Meyer B., Glenz A., "Team Faultline Measures: A Computational Comparison and A New Approach to Multiple Subgroups", *Organizational Research Methods*, Vol. 16, No. 3, 2013.

Michailova S., Ang S. H., "Institutional Explanations of Cross-border Alliance Modes: The Case of Emerging Economies Firms", *Management International Review*, No. 48, 2008.

Montalvo C., "General Wisdom Concerning the Factors Affecting the Adoption of Cleaner Technologies: A Survey 1990 – 2007", *Journal of Cleaner Production*, No. 16, 2008.

Nahapiet J., Ghoshal S., "Social Capital, Intellectual Capital, and the Organizational Advantage", *Academy of Management Review*, Vol. 23, No. 2, 1998.

Nesta Lionel, et al., "Environmental Policies, Product Market Regulation and Innovation in Renewable Energy", *Documents De Travail De Lofce*, Vol. 234, No. 6, 2012.

Nick, Johnstone, Ivan, et al., "Erratum to: Renewable Energy Policies and Technological Innovation: Evidence Based on Patent Counts", *Environmental & Resource Economics*, Vol. 68, No. 2, 2017.

Ocasio W., "Towards an Attention-Based View of the Firm", *Strategic Management Journal*, Vol. 18, No. S1, 1997.

Palmer K., Oates W. E., Portney P. R., "Tightening Environmental Standards: the Benefit-cost or the No-cost Paradigm?", *Journal of Economic Perspectives*, Vol. 9, No. 4, 1995.

Patel P., K. Pavit, "The Nature and Importance of National Innovation Systems", *STI Review*, No. 14, 1994.

Paul, *Handbook of the Economics of Innovations and Technological Change*, London: Blackwell, 1995.

Pearsall M. J., Ellis A. P. J., Evans J. M., "Unlocking the Effects of Gender Faultlines on Team Creativity: Is Activation the Key?", *Journal of Applied Psychology*, Vol. 93, No. 1, 2008.

Pereira, Virgilio, Capiau, et al., "UnióN de Almacenistas de Hierros de Espa? A V Commission: Strengthening a Climate of Trust Within the European Competition Network", *Journal of European Competition Law & Practice*, 2016.

Porter M. E., Linde C., "Green and Competitive: Ending the Stalemate", *Journal of Business Administration and Policy Analysis*, No. 215, 1999.

Porter M. E., Van Der Linde C., "Toward A New Conception of the Environment Compete-tiveness Relationship", *Journal of Economic Perspectives*, Vol. 9, No. 4, 1995.

Preacher K. J., Hayes A. F., "SPSS and SAS Procedures for Estimating Indirect Effects in Simple Mediation Models", *Behavior Research Methods, Instruments, & Computers*, No. 36, 2004.

Qian Zhang, "Rethink the Relationship Between Environmental Regulations and Green Technology Innovation in Coastal Cities", *Journal of Coastal Research*, No. 115, 2020.

Rennings K., "Redefining Innovation—Eco-innovation Research and the Contribution from Ecological Economics", *Ecological Economics*, Vol. 32, No. 2, 2000.

Requate T., "Timing and Commitment of Environmental Policy, Adoption of New Technology, and Repercussions on R&D", *Environmental and Resource Economics*, No. 31, 2005.

Rupert J., Blomme R. J., Dragt M. J., et al., "Being Different, But Close: How and When Faultlines Enhance Team Learning", *European Management Review*, Vol. 13, No. 4, 2016.

Salman N., Saives A. L., "Indirect Networks: an Intangible Resource for Biotechnology Innovation", *R&D Management*, Vol. 35, No. 2, 2005.

Saltelli A., Annoni P., "How to Avoid A Perfunctory Sensitivity Analysis", *Environmental Modelling & Software*, Vol. 25, No. 12, 2010.

Schaefer A., "Contrasting Institutional and Performance Accounts of Environmental Management Systems: Three Case Studies in the UK

Water & Sewerage Industry", *Journal of Management Studies*, Vol. 44, No. 4, 2007.

Talke K., Salomo S., Kock A., "Top Management Team Diversity and Strategic Innovation Orientation: the Relationship and Consequences for Innovativeness and Performance", *Journal of Product Innovation Management*, Vol. 28, No. 6, 2011.

Thatcher S. M. B., Jehn K. A., Zanutto E., "Cracks in Diversity Research: the Effects of Diversity Faultlines on Conflict and Performance", *Group Decision and Negotiation*, Vol. 12, No. 3, 2003.

Tsai K. H., Liao Y. C., "Innovation Capacity and the Implementation of Eco-innovation: Toward A Contingency Perspective", *Business Strategy and the Environment*, Vol. 26, No. 7, 2017.

Tuggle C. S., Schnatterly K., Johnson R. A., "Attention Patterns in the Boardroom: How Board Composition and Processes Affect Discussion of Entrepreneurial Issues", *Academy of Management Journal*, Vol. 53, No. 3, 2010.

Van Knippenberg D., Dawson J. F., West M. A., et al., "Diversity Faultlines, Shared Objectives, and Top Management Team Performance", *Human Relations*, Vol. 64, No. 3, 2011.

Van Knippenberg, D., De Dreu, C. K. W., Homan, A. C., "Work Group Diversity and Group Performance: an Integrative Model and Research Agenda", *Journal of Applied Psychology*, Vol. 89, No. 6, 2004.

Van Leeuwen G., Mohnen P., "Revisiting the Porter Hypothesis: an Empirical Analysis of Green Innovation for the Netherlands", *Econom-*

ics of Innovation and New Technology, Vol. 26, No. 1 – 2, 2017.

World Economic Forum, "The Global Risk Report 2019 14th Edition", 2019, https://max.book118.com/html/2019/0122/6223134104002003.shtm.

World Economic Forum, "The Global Risk Report 2020 15th Edition", 2020, https://www.marsh.com/content/dam/marsh/documents/PDF/UK-en/wef-global-risks-report-2020.pdf.

Xie X. Y., Wang W. L., Qi Z. J., "The Effects of TMT Faultline Configuration on A Firm's Short-Term Performance and Innovation Activities", *Journal of Management & Organization*, Vol. 21, No. 5, 2015.

Yam R. C. M., Lo W., Tang E. P. Y., et al., "Analysis of Sources of Innovation, Technological Innovation Capabilities, and Performance: an Empirical Study of Hong Kong Manufacturing Industries", *Research Policy*, Vol. 40, No. 3, 2011.

Yasunori, Baba, "The Dynamics of Continuous Innovation in Scale-Intensive Industries", *Strategic Management Journal*, Vol. 10, No. 1, 1989.

Yuan B., Xiang Q., "Environmental Regulation, Industrial Innovation and Green Development of Chinese Manufacturing: Based on an Extended CDM Model", *Journal of Cleaner Production*, No. 176, 2018.

Zhiyong, Xian, "Research on Green Technology Innovation Model and System Improvement Based on Environmental Protection", *IOP Conference Series Earth and Environmental Science*, No. 94, 2017.

后　　记

《企业绿色技术创新及驱动要素研究》一书，是笔者近年来在绿色技术创新领域研究成果的系统式呈现，如今即将出版，感慨万千。

感谢我的工作单位——长春理工大学。在2014年12月博士毕业后，我便入职长春理工大学，寒来暑往，已6年有余。感谢长春理工大学经济管理学院的领导，多年来不仅对我的生活和工作给予贴心的关怀，也始终督促着我在业务上谋求新的进步。感谢我的同事们，优秀的你们裹挟着我，鼓励着我，使我一刻也不敢停止前进的脚步。正是有了领导和同事们的鼓励和支持，才有了此书的最终顺利完成。

感谢我的家人无私的付出和支持。感谢我的父母，为了让我专心工作，他们不辞辛劳，远离故乡，替我照顾家庭，抚育幼子，看着他们本该在安享晚年的时候仍然为我操劳忙碌，亏欠之情难以言表。感谢我的爱人，在十几年的恋爱和婚姻生活里，始终不忘爱之初心，纵然经历种种生活琐碎，仍旧温润、美好如初见之时，更要感谢他毫无怨言地支持我的工作，从不嫌弃我微薄的收入和忙碌的工作节奏，一心帮助我完成在讲台上教书育人，在科研上有所建树的理想。我还要感谢我的女儿，感谢刚刚 4 岁的她的懂事乖巧，感谢她从不在我伏案工作时哭闹打扰，感谢她在我因工作忙碌无法陪伴时的坚强隐忍。作为母亲、妻子和女儿，在肩负多重角色时，我深知，唯有努力和坚持，才是对家人付出的最好回报。

感谢本书的联合作者季宇和毛伟华，真诚感谢她们在写作过程中付出的努力和汗水，期待日后我们仍然能够继续在科研道路上携手合作，继续我们的征途，共赴星辰大海。

书中引用了大量国内、外参考文献，在此对所有文献作者表达谢意。由于时间仓促，水平有限，书中难免有错误和疏漏，恳请广大读者批评指正。再次对所有的支持和鼓励深表感谢！

李楠博

2021 年·春